はじめに

　製造業における労働災害は長期的には減少傾向にありますが、減少の度合はゆるやかになっており、今なお年間約180人の尊い命が失われ、休業4日以上の労働災害は2万6千人以上となっているなど、一層の努力をしていかなければならない状況です。平成30年度にスタートした第13次労働災害防止計画においても、製造業は引き続き重点業種に指定され、施設や設備、機械などに起因する災害等の防止を強く求められています。

　製造業と一口にいっても、そこで使用される機械等の種類は多く、また作業内容も多岐にわたり、したがって労働災害の発生態様もさまざまです。しかし、労働災害の原因を調べると共通していることが一つあります。それは、職場の仕事を管理する管理監督者に本来期待されている安全衛生活動が十分に行われていないこと、及び作業者の安全意識に欠けるところがあることです。

　労働災害の防止において極めて大切なことは、管理監督者が自ら行うことをきちんと行うとともに、配下の作業者に対して安全衛生教育を行い、彼らが不適切な作業をしていると判断したら是正を指導することであり、また、作業者においても、自らが労働災害防止の主役であることの意識を持って与えられた仕事を行うことです。

　当然のことですが、労働災害を防止する責務は事業者（法人企業の場合は法人、個人企業の場合は代表者）にあります。事業者は、管理監督者による安全衛生活動を促進するとともに、作業者に対する安全衛生教育の徹底による安全意識の向上を図らなければなりません。

　本書は、工場長、製造課長、現場第一線の職長等の「管理監督者が行う事項」及び「作業者の遵守事項」を明確にしたもので、労働災害防止関係の書籍としては他に類を見ない新しい試みによるものです。また、製造業で行われる数多くの作業の中から重要性が高く、応用範囲の広い作業を選定しました。このテキストが、各企業での安全衛生教育などで活用され、労働災害防止対策の一助となることを願って止みません。

編　者

目　次

はじめに ──────────────────── 1

1. 基本作業

安全の一般心得 ─────────────── 4
物の置き方・積み方、整理・整頓 ─────── 6
保護具 ─────────────────── 8
防火・消火 ──────────────── 10
救急 ─────────────────── 12

2. 工具作業

工具作業（ハンマー）────────────── 14
工具作業（タガネ）─────────────── 16
工具作業（スパナ・レンチ）────────── 18
工具作業（ヤスリ）─────────────── 20
工具作業（グラインダー）────────── 22

3. 運搬作業

運搬作業（人力運搬）────────────── 24
運搬作業（台車等）─────────────── 26
運搬作業（コンベヤー）───────────── 27
運搬作業（フォークリフト）────────── 29
運搬作業（クレーン運転・玉掛け）────── 34
運搬作業（自動搬送機）───────────── 39

4. 機械取り扱い作業

機械取り扱い作業（共通） ———————————————————— 42
機械取り扱い作業（旋盤） ———————————————————— 44
機械取り扱い作業（ボール盤） —————————————————— 48
機械取り扱い作業（フライス盤） ————————————————— 52
機械取り扱い作業（研削盤） ——————————————————— 56
機械取り扱い作業（プレス機械・シャー） ————————————— 60
機械取り扱い作業（丸のこ盤） —————————————————— 66
機械取り扱い作業（帯のこ盤） —————————————————— 69
機械取り扱い作業（産業用ロボット） ——————————————— 72
機械取り扱い作業（食品加工用・食品包装機械） —————————— 79

5. 有害な化学物質の製造・取り扱い作業

有害な化学物質の製造・取り扱い作業（共通） ——————————— 80
有害な化学物質の製造・取り扱い作業（有機溶剤） ————————— 84
有害な化学物質の製造・取り扱い作業（鉛） ———————————— 87
有害な化学物質の製造・取り扱い作業（特定化学物質） —————— 89

6. 有害作業

粉じん作業 ————————————————————————————— 92
騒音作業 —————————————————————————————— 96
酸素欠乏等危険作業 ————————————————————————— 98

7. 資　　料

化学設備の非定常作業における安全衛生対策のためのガイドライン —— 101
自動化生産システムの非定常作業における安全対策のためのガイドライン —— 108

安全の一般心得

管理監督者が行う事項

① 自らが安全の基本となる。不安全な行動、不安全な服装をしない。
② してはならないこと・しなければならないことをしっかりと伝える。
③ 不安全な行動、不安全な服装を見たときは注意する。
④ 教えるときは威圧的な態度を取らない。質問はていねいに聞く。
⑤ 損傷やひどく汚れた保護具などは交換する。
⑥ ボール盤作業では手袋を使用させない。
⑦ 工具、脚立、はしごなどの点検を行い、不安全なものは使用させない。
⑧ 安全装置、安全設備の点検を行う。
⑨ 立ち入り禁止表示などが汚れなどで見にくいときは改善する。
⑩ 通路区分表示、停止線などが見えにくいときは改善する。

作業者の遵守事項等

■ 働くことの心構えに関すること

① してはならないこと・しなければならないことを守る。
② 教えられた作業手順を守る。勝手に変更しない。
③ 人にケガをさせない。自分の安全は自分で守る。
④ 不安全行動や不安全な服装を注意されたときは素直に従う。
⑤ タバコは喫煙場所以外で吸わない。くわえタバコをしない。
⑥ 通路に物を置いたり、通路にはみ出して物を置かない。
⑦ 工具、脚立、はしごなどを使用するときは、安全に使用できるか点検を行う。
⑧ 整理・整頓を心掛ける。
⑨ 安全装置、立て札、安全設備は許可なく取り外したり移動しない。
⑩ 点検などで安全設備を外したときは、作業終了後必ず復元する。
⑪ 立ち入り禁止の場所に立ち入らない。
⑫ 電気の故障、電線の被覆が損傷している場合は職長等に報告する。勝手に直さない。

■ 服装に関すること

① 指定された作業服を着用する。
② ズボンのすそ破れ、ボタン取れはすぐ直す。
③ 裸作業をしない。
④ 油が付着した場合は火がつきやすいためよく洗濯する。
⑤ 首や腰などに手ぬぐいなどをぶら下げない（物に引っかかったり、機械に巻き込まれやすい）。
⑥ 上着の襟やそで、ズボンのすそなどは引き締めておく（特にボール盤での穴あけ作業などで巻き込まれやすい）。
⑦ 保護帽を使用するときは、あごひもを

Ⅰ．基本作業

安全の一般心得

● 不安全な服装

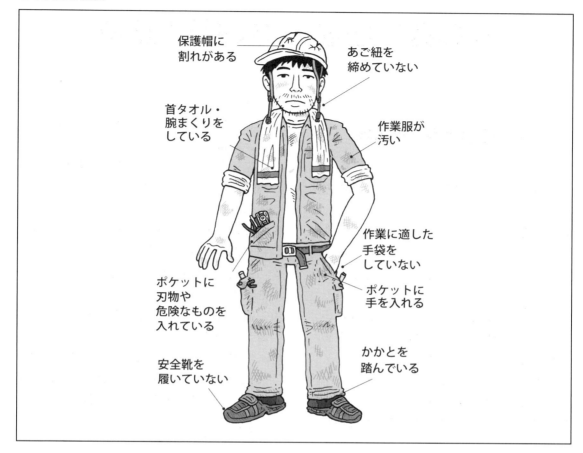

- 保護帽に割れがある
- あご紐を締めていない
- 首タオル・腕まくりをしている
- 作業服が汚い
- 作業に適した手袋をしていない
- ポケットに刃物や危険なものを入れている
- ポケットに手を入れる
- 安全靴を履いていない
- かかとを踏んでいる

しっかり締める。
⑧ ボール盤作業などは手袋をしない。
⑨ はだし、サンダル等で作業しない。

■ 構内歩行・通行に関すること

① ポケットに手を入れたまま歩かない。
② 携帯電話やスマートフォンを見ながら歩かない。
③ 停止線の前では必ず止まり、周囲を確認する。
④ 曲がり角、開き戸では必ず止まり、前方を確認する。
⑤ 特別な急用でない限り、走らない。
⑥ クレーンの荷の下を通らない。
⑦ 高所作業の下を通るときは安全を確認する。
⑧ 材料の上を歩かない。

■ 健康に関すること

① 適度な運動を心掛ける。
② 翌日の作業に支障があるような飲酒を慎む。
③ 他人に受動喫煙をさせない。
④ 健康診断は必ず受ける。健康診断の結果、保健指導を受けたときは、その指導を守る。
⑤ 仕事の量、仕事の質、客先とのトラブル、人間関係などでストレスを感じたときは、一人で抱え込まず、適宜、上司・産業医などに相談する。
⑥ 食事、休養、運動、睡眠などについて適切な生活習慣を身に着ける。

物の置き方・積み方、整理・整頓

管理監督者が行う事項

① 物の置き方・積み方、整理・整頓の方法を教育する。
② 必要に応じロープ、専用の置台などを用意する。
③ 台車を点検し、車輪などに異常があるときは職場に置かない。
④ 出入口、非常口などに物を置かせない。
⑤ 通路上の物、通路にはみ出している物、不安定な積荷などを修正させる。
⑥ 物の置き場所を定め、表示する。
⑦ 不用な物を廃棄する。
⑧ 廃棄する物の種類によって容器を用意する。

作業者の遵守事項等

■ 物の置き方・積み方

① 建物や通路に平行または直角に置く。
② 端を揃えて置く。
③ 崩れたり、倒れたりしないようにする(必要があれば、ロープで縛るなどする)。
④ 不安定な物には滑り止めや、かい物をする。
⑤ 床面や地面が水平であっても、荷重に十分耐えられる場所を選んで置く。
⑥ 重い物、大きな物を下に、軽い物、小さな物を上にする。
⑦ 背の高い物を後方に、低い物を前方にして、順に並べる。
⑧ 壁や柱に物を立てかけないようにする(振動や立てかける物の重量によって倒れる恐れがある)。
⑨ 次の作業を考え、取り出しやすい高さや置き方にする。
⑩ 不規則な形の物を置く場合は、専用の台を設ける。
⑪ 高い場所に物を置く場合、落ちてこないように整理して置く。
⑫ 電線、ロープ、ヒモなどは、通路を横切って置かないようにする(必要以上に長い場合は、その部分を巻き込んでおく)。

■ 整理・整頓

① 物を通路にはみ出して置かない。
② やむを得ず通路に物を置く場合は、必要最少限の時間を限って職長等の許可を受け、う回路を設けてから使用する(必ず指定の通路使用許可済みの表示をする)。
③ 工具類は適当な収納箱に納め、使用後は必ず所定の場所に戻しておく(作業場や足場、機械、材料の上などに工具類を放置しない)。
④ 小物類は収納箱に納め、できるだけそのままの形で運搬する。
⑤ スクラップ、切り粉、溶接棒の残りカスなどはこまめに片づけ、それぞれ区分された容器に集める。
⑥ 紙屑やタバコの吸いがらは、所定の容器に捨てる。

●不安全な通路

⑦ 油ボロなどのように、自然発火の恐れがあるものは、専用の不燃性容器に捨てる。

⑧ ガスホース、エアーホース、アーク溶接用コードなどを通路に引く場合、その部分に覆いをする。

⑨ 出入口、昇降口、スイッチ箱、消火器置き場、担架置き場、電気室、動力室などの前や周囲には、物を置かない。

⑩ 板についた不要なクギは、必ず抜くか折り曲げておく。

⑪ 床面や通路には、油を流さないようにする(誤って流れたときは、直ちに拭きとっておく)。

⑫ 寒冷時には、床面や道路、傾斜面に水をまかない(凍結して滑りやすい)。

⑬ 窓ガラスや照明具を清掃して、十分な採光ができるようにする。

⑭ 作業終了時には、フォークリフト、台車などは必ず所定の場所に戻しておく。

⑮ フォークリフトの照明切れ、台車の車輪の変形などがあるときは職長等に報告する。

⑯ 作業終了後は後始末を行い、作業場やその周辺をよく清掃する。

⑰ 残置灯は確実に点灯させておく(点灯しないときは職長等に報告する)。

保護具

管理監督者が行う事項

① 保護具の管理方法、使用方法を理解して保護具を使用する作業者に教育する。
　特に、取り換え式防じんマスクのろ過材の取り換え時期、使い捨て式防じんマスクの廃棄時期、防毒マスクの吸収缶の取り換え時期についてメーカーの説明を聞き、十分に理解する。
② 防じんマスク、防毒マスク、絶縁用保護具、保護帽、安全帯の購入に当たっては厚生労働大臣が定める規格に適合したものとする。
③ 防じんマスク、防毒マスク、絶縁用保護具、保護帽の購入に当たっては検定マークがついていることを確認する。
④ 防毒マスクの吸収缶は有毒ガスの種類に応じたものとし、作業者が選定誤りをしないよう保管、教育を行う。
⑤ 呼吸用保護具は使用する作業者の顔面に合ったものを使用させる。
⑥ 保護具の数は、同時に使用する作業者の数以上を備えつける。防じんマスク、防毒マスク、耳せん等は各人専用とする。
⑦ 安全帯のロープの取付箇所を確認する。
⑧ 安全靴は重作業用、中作業用、軽作業用がある。不必要に重いものを選択しない。疲労が増し、転倒の原因ともなる。
⑨ 作業者が使用している保護具を点検し、割れ、へこみ、劣化など、保護具の機能を失っていると思われるものは交換する。
⑩ 防毒マスクの使用時間、使用場所の有害ガスの濃度などを把握し、吸収缶の取り換え時期を管理する。
⑪ 指定している保護具が正しく使われていることを確認する。
⑫ 直射日光の当たらない、湿気の少ない清潔な場所に防じんマスク及び防毒マスクの保管場所を設ける。
⑬ 耳せん、防じんマスク、防毒マスクなど、身体に負担がかかるものを使用している作業者には可能な限り休憩時間を与え、有害な環境でない場所で休憩させる。

作業者の遵守事項等

■ 耳せん

① 耳の穴が湿っている状態で耳せんをつけない。
② 防音の効果がある状態で使用する。
③ ひび割れたりしたもの、耳が痛くなるものなどは職長等に告げる。
④ こまめに掃除をする。
⑤ 身体に負担があるなどの理由で勝手に取り外したりしない。

■ 防じんメガネ

① 着脱は必ず両手で行い、ていねいに取り扱う。
② 持ち歩く場合でも、傷をつけないように注意する。

③ 汚れたときは流水で洗い、柔らかく、清潔な布でふく。
④ 傷や割れがある場合は職長等に告げる。

■ **防じんマスク**

① 着用の際、顔面への密着度を確認する。マスクを着用し、吸入口をふさぐ（マスクの面体を押しつけない）。息苦しくなればよい。息苦しくならないときは密着度が悪い。職長等に告げる。
② 締めひもは顔面に苦痛を与えない程度に、しっかりと締める。
③ タオルなどを当てた上に防じんマスクをしない。
④ 防じんマスクの使用中、息苦しさが増したときは職長等に告げる。
⑤ 使用後は取り扱い説明書に従って手入れをし、専用の保管場所に保管する。

■ **防毒マスク**

① 着用の際、顔面への密着度を確認する。マスクを着用し、吸入口をふさぐ（マスクの面体を押しつけない）。息苦しくなればよい。息苦しくならないときは密着度が悪いので、職長等に告げる。
② 職長等の指導の下に作業場所の酸素濃度が18パーセント以上あることを確認してから着用する。
③ 職長等の指導の下に、有害ガスの種類に応じた吸収缶を使用する。
④ 吸収缶が使用限度時間内である防毒マスクの提供を受ける。

⑤ 当日の使用後は、職長等に使用時間を告げ、使用時間記録カードに記入する。
⑥ 使用後は取り扱い説明書に従って手入れをし、専用の保管場所に保管する。

■ **保護帽**

① 正しくかぶる。あごひもはしっかり締める。
② 大きな衝撃を受けたときは職長等に告げる。
③ 帽体に穴をあけない。
④ 帽体を尻にしかない。
⑤ ハンモック、あごひもが損傷したときは職長等に告げる。

■ **安全帯**

① 提供された安全帯に応じた正しい装着に慣れる。
② ベルトは腰骨のところにしっかり締める。
③ Ｄ環は体の横から背中に位置するようにする。
④ 安全帯のロープの取付位置は、自分の腰よりできるだけ高い位置に取り付ける。
⑤ 作業場所を移動するときなどに一時的にフックを外すときは一方の手で構造物をつかむ。ゆっくりと慎重に移動する。移動が終わったら直ちにフックをかけるなど墜落に注意する。
⑥ ベルト、ロープ、Ｄ環等に損傷・変形があるときは職長等に告げる。また、大きな衝撃を安全帯に与えたときも職長等に告げる。

1．基本作業

防火・消火

管理監督者が行う事項

① 危険物を製造・取り扱うときは、危険性、取り扱い、保存方法を理解し、作業者に教育する。
② 爆発性のもの、発火性等の危険物については、火気等を接近させ、摩擦し、衝撃を与えない。
③ ホース、吹管の損傷がないものを使用し、接続箇所からのガス等の漏れを防止するため確実に閉める。
④ ガスボンベの置き場所、転倒防止策、溶解アセチレン容器の置き方を作業者に教育する。
⑤ 消火器メーカーと相談し、消火対象物に応じた消火器を備える。
⑥ 消火器の使用方法をメーカーから指導を受け、作業者に教育する。
⑦ 消火器の点検を行う。
⑧ 廃棄物の種類に応じ廃棄容器を設ける。
⑨ 非常口に物を置かないなどの管理を行う。
⑩ 消火訓練を行う。
⑪ 緊急時の連絡方法及び連絡場所を作業場の見やすい箇所に掲示する。
⑫ 「火気厳禁」等の表示を行う。表示のよごれなどを管理する。

作業者の遵守事項等

■ 防火活動

① 危険物について受けた教育にしたがい、適切な取り扱い、保存を行うこと。
② 危険物に火気を接近させ、摩擦し、衝撃を与えない。
③ 溶解・溶断等の作業において、ホース、吹管に損傷のあるものは使用しない。接続箇所からの漏れを確実に防止する。ホース、吹管に損傷がある場合は職長等に報告する。
④ ガスボンベは容器の温度が高くならない場所に置き、転倒しないように保持する。溶解アセチレン容器は立てておく。
⑤ 「火気厳禁」の定めは絶対に守る。
⑥ 定められた場所以外では、許可なく火気を使用しない。
⑦ 油ボロは自然発火の恐れがあるため、所定の容器に入れ、必ず定められた場所に整理する。
⑧ 溶接またはガス作業を行う場合、周囲に引火物がないかどうか、よく確かめてから作業にとりかかる。
⑨ 引火性の危険のある油、塗料などのある場所で溶接、ガス切断、グラインダー作業などを行う場合、必ず消火器や乾燥砂を準備し、監視しながら作業する。
⑩ タバコの吸いがらは所定の灰皿や容器に捨てる。
⑪ 空缶にガスが残っている場合、火気を近

●消火器の種類と標識、火災の種類の関係（例）

消化器の種類	標識	火災の種類	
ＡＢＣ粉末消火器 強化液消火器 泡消化器 水消化器	白丸	普通火災（Ａ火災）	紙、木などが燃える火災
ＡＢＣ粉末消火器 強化液消火器 不活性ガス消化器 ＢＣ粉末消火器	黄丸	油火災（Ｂ火災）	石油類をはじめ、油をもとに燃える火災
ＡＢＣ粉末消火器 不活性ガス消化器 ＢＣ粉末消火器 強化液消火器	青丸	電気火災（Ｃ火災）	コンセントや配線などの電気設備が燃える火災

づけないようにする（激しい爆発力を持っている）。

⑫ 漏電による火災を防ぐため、規定外のヒューズや電線を使用しない。

⑬ 終業時には残り火の始末を確実に行い、ガス栓や電気スイッチを必ず切る。

■ 消火作業

① 火災が発生した場合、一人で消そうとせず、大声で付近の者に知らせる。

② 火災報知器を鳴らし、「119番」に急報する。

③ 運転中の機械・設備を直ちに停止する（電源スイッチ、手元スイッチを切り、ガス栓や元バルブを必ず締める）。

④ 火災現場にいる者は、消防責任者の指示に従い、協力していっせいに消火活動にあたる。

⑤ 火災の種類に応じた消火器を使用する（表参照）。

⑥ 油や塗料、ガスボンベに対しては、水をかけず、薬液消火器や砂などを使用する（特に、油類の火災に水をかけると、逆効果になることがある）。

⑦ 作業服に火がついた場合、転がりながら火を消す。

⑧ 煙にまかれた場合、地（床）をはって逃げるようにする。

⑨ 他所で火災が発生した場合、勝手に持ち場を離れず、指示に従う。

I．基本作業

救急

管理監督者が行う事項

① 消防署等が行う救命講習に参加し、止血や心肺蘇生、AED（自動体外式除細動器）の使用などについて習熟しておくことが望ましい。
　有害物への接触、誤飲等の恐れのある職場ではその際の処置について理解しておく。
② 緊急の際に病院や消防署等との連絡事項（①病院や消防署の電話番号、②会社までの道順・目標物、③会社の電話番号）を見やすい場所に掲示する。
③ 救急用具を備え、常に管理する。有害物を使用している会社では救護用の防毒マスクを、酸素欠乏空気が発生する恐れのある会社では救護用の空気呼吸器などを備えておく。

作業者の遵守事項等

① 消防署等が行う救命講習に参加し、止血や心肺蘇生、AED（自動体外式除細動器）の使用などについて習熟しておくことが望ましい。
② 同僚作業者等がケガをしたり倒れているときは直ちに職長等に連絡し、指示を仰ぐ。心肺蘇生やAEDの使用の訓練を受けている場合は応援者を求め、訓練内容にしたがい救命処置を行う。
③ 患者をむやみに動かしたり飲み物を与えない。
④ 火傷している場合はすぐに患部を水で冷やす（軽症なら数分、重症では30分以上）。重大な火傷の場合、患部を水で冷やして衣服を脱がせる（衣服の布が患部の肉に付着

●主な応急手当

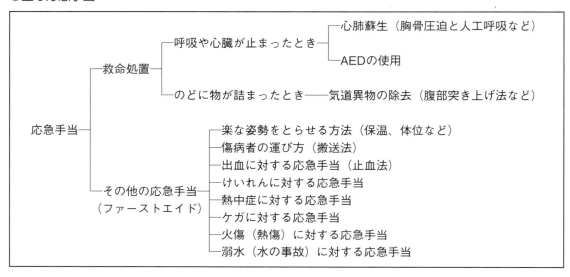

しているときは、無理にはがさず、その部分を切り取って残す)。
⑤　同僚作業者が感電したときはまず電源を切り、患者を電源から離す。直ちに職長等に連絡する。

● 救命処置の流れ（心肺蘇生と AED の使用）

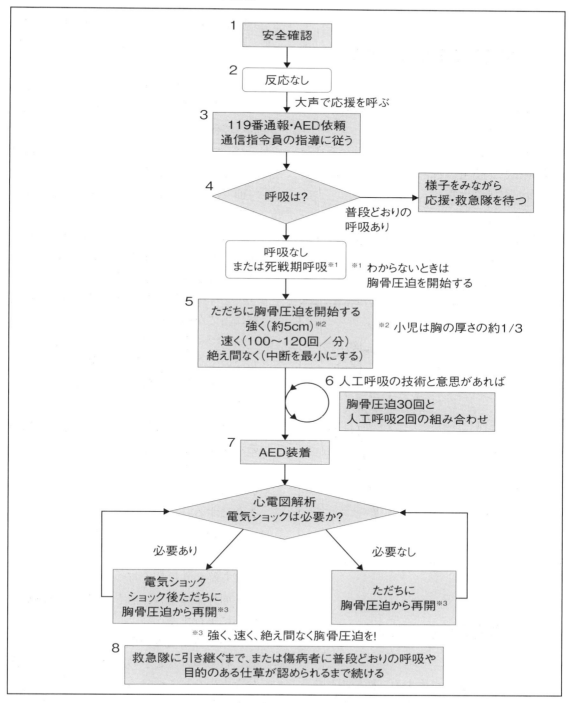

（JRC 蘇生ガイドライン2015、一般社団法人日本蘇生協議会監修、医学書院）

2．工具作業

工具作業（ハンマー）

管理監督者が行う事項

① ハンマーの使用及び工具などの取り扱いについて教育する。
② 頭部が抜けそうなもの、柄の折れそうなものなど、使用に適さないハンマーは作業場所から排除する。
③ 作業に適した照度を確保する。
④ 防じんマスク、保護メガネ、耳せん等を用意し、必要な作業には着用を徹底する。

●片手ハンマーの持ち方

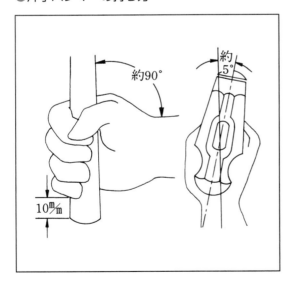

作業者の遵守事項等

① 使用前に状態を点検する（柄の折れそうなものや、頭部が外れそうなものなど、完全な状態でないものは絶対に使用しない）。
② 鉛ハンマーは頭部が飛びやすいので、慎重に取り扱う。
③ ハンマーのまくれには常に注意し、発見されたときは直ちに取り除く（破片が飛び散って体にささる恐れがある）。
④ ハンマーに油が付着している場合、取り除いてから使用する。
⑤ 油で汚れた手で、ハンマーを使用しないようにする。
⑥ 汗ばんだ手でハンマーを振らないようにする（どうしても汗をかく場合は、適当な滑り止めを柄に巻きつける）。
⑦ ハンマーを振るときは、周囲のものや機械に当てないように気をつける。
⑧ ハンマーを使用するときは、手袋を使用しないようにする（滑りやすい）。
⑨ 焼き入れした材料は、むやみに打たないようにする。
⑩ 焼き入れした材料を打つときは、黄銅製のハンマーか木槌を使用する。
⑪ ハンマーを振る場合、最初は小振りで行い、命中するようになってから大きく振るようにする。
⑫ 打ち始めは軽く当て、次第に力を入れて打つ。
⑬ 打ち終わりは軽く打つ。
⑭ 共同作業の場合、前もって合図を決め、確実に実行する。
⑮ 狭い場所や足場の悪い場所で作業する場合、打ちつけたときの反動に注意する（余分なものを打ちつける恐れがある）。
⑯ 空振りしないよう、対象をよく見極めて

打つ（空振りすると手やハンマーが他のものに当たる恐れがある。特に高い位置での空振りに注意する）。
⑰　材料の破片やサビなどが飛び散る恐れがある場合には、保護メガネを着用する。
⑱　専用工具を使って片手で加工材を取り扱う場合、正しい方法（図参照）で行う。

● 加工物のつかみ方

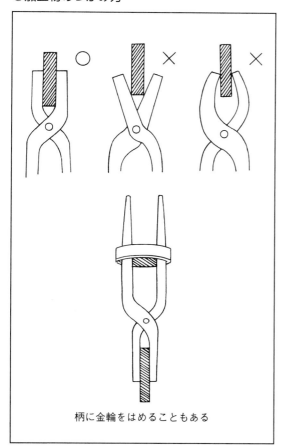

柄に金輪をはめることもある

● 加工物の置き方

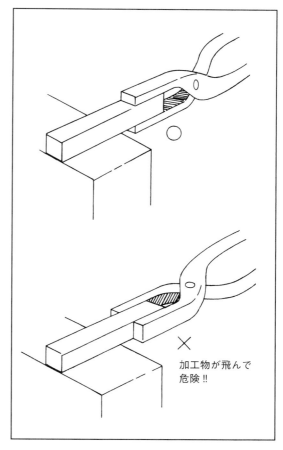

加工物が飛んで危険!!

2．工具作業

工具作業(タガネ)

管理監督者が行う事項

① タガネの使用及び点検方法について教育する。
② 割れたもの、ひびの入ったもの、柄が短くなったものなど、使用に適さないタガネは作業場所から排除する。
③ 作業に適した照度を確保する。
④ 防じんマスク、保護メガネ、耳せん等を用意し、必要な作業には着用を徹底する。

作業者の遵守事項等

■ タガネ作業

① 割れたもの、ひびの入ったもの、その他損傷のあるものは、使用しないようにする。
② 頭部のまくれは、使用前に必ず削り落とす。
③ 頭部に付着した油などは、使用前に取り除く。
④ 焼き入れした材料には、タガネを使用しないようにする。
⑤ タガネは、刃先が必ず中心部にあるものを使用する。
⑥ 片手で握って、長さに余裕のないものは使用しないようにする。
⑦ 普通タガネと鉄砲タガネを区別して使用する。
⑧ ニューマチックタガネを普通タガネ代わりには使用しないようにする。

●タガネの持ち方

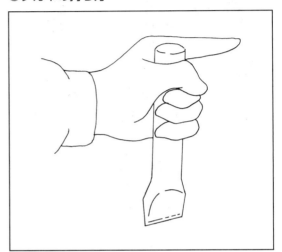

■ ハツリ作業

① ハツリ作業は、材料をしっかり固定してから行う（特に小物の場合、作業中に外れないように注意する）。
② タガネを当てる場合、切り屑が飛ぶ方向に注意する（切り屑が飛んで他の作業者を傷つけたり、機械に付着して故障の原因になったりする）。
③ 鉄板をタガネで切断する場合、切れ端の飛ぶ方向に注意する（材料よりタガネの幅の方が広いときはタガネと直角の方向へ、狭いときは切れ残っている方向へ飛ぶ）。
④ ハツリ作業では、最初は静かに打って当たり具合を確かめ、次第に力を入れていくようにする。
⑤ 鉄板を切り終える場合、力を緩めて静かに切る（強い力で切り落とすと飛び散って

危険)。
⑥　ハツリ作業中、タガネが滑ることがあるので注意する。
⑦　作業中は滑りやすい手袋を使用しない。
⑧　油で汚れた手でタガネを持ったままでは作業しない。
⑨　足場の悪い場所では作業しない(タガネを打ち誤ったり、タガネが加工部位から外れたりする)。
⑩　ハツリ作業には、必ず保護メガネを着用する。

⑪　作業後、バイトを保管する場合、内・外径別または大小種類別に整理整頓する。
⑫　バイトを保管する場合、頭部と刃先の向きを揃えておく。

●斜め切断(上部を切り捨てる場合)

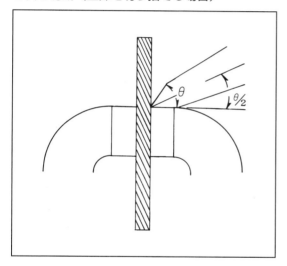

●平行切断(上下両方とも必要な場合)

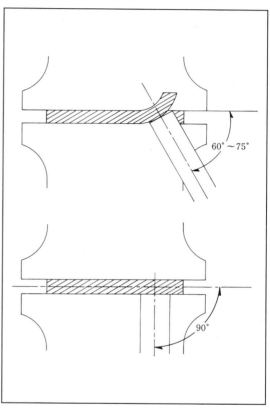

工具作業（スパナ・レンチ）

管理監督者が行う事項

① スパナ・レンチの使用及び点検方法について教育する。
② ひびの入ったもの、スパナの口が開いたものなど、使用に適さないスパナ・レンチは作業場所から排除する。
③ 作業に適した照度を確保する。

作業者の遵守事項等

① スパナはボルト、ナットの大きさに合ったものを使用する（大きさが合っていないと、外れてケガをしやすい）。
② スパナの口がナットの寸法より大きな場合でも、かませものをしない（外れやすい）。
③ スパナ、レンチを使用する場合、足を開いて両足に力を入れ、もしスパナ、レンチが外れても倒れないような身構えをしておく（足場上での高所作業などでは、特に注意する）。
④ スパナ、レンチをハンマー代わりに使用しないようにする。
⑤ スパナはなるべく長柄のものを使用する。
⑥ スパナの柄に、パイプなどを継ぎ足して使用したりしないようにする（パイプが外れてケガをしやすい）。
⑦ やむを得ずパイプなどを継ぎ足して使用しなければならないときは、絶対に外れないような措置を講ずる。
⑧ 2本の両口スパナの口と口をかみ合わせる方法（二丁継ぎ）では作業をしない（外れやすい）。
⑨ スパナ、レンチは深くかけて使用する（かかりが浅いと、外れてケガをしやすい）。
⑩ スパナ、レンチはボルトに対して直角にかける。
⑪ スパナ、レンチは、かみ合いの方向に力をかける（反対方向に力をかけると、外れやすい）。
⑫ スパナ、レンチは、一度に強い力をかけず、少しずつナットを回すようにする（力をかけすぎると、締めつける場合には溝が切れてしまいやすく、緩める場合には反動で体のバランスを崩しやすい）。
⑬ スパナを縦に使用したり、引っ張り上げながら使用したりしない。
⑭ モンキースパナはツメをしっかり締め上げ、十分に差し込んで使用する。
⑮ 組み立て、仮り組み立て作業などでのボルト締めには、メガネスパナと片口スパナを使用する。

2．工具作業

●正しい使い方

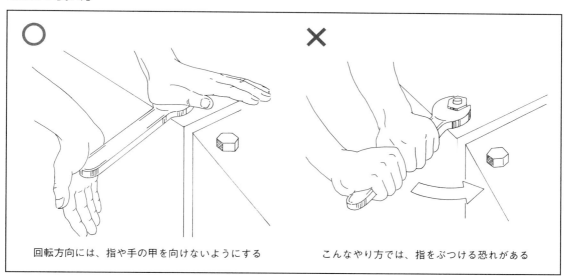

回転方向には、指や手の甲を向けないようにする

こんなやり方では、指をぶつける恐れがある

●不安全な使い方

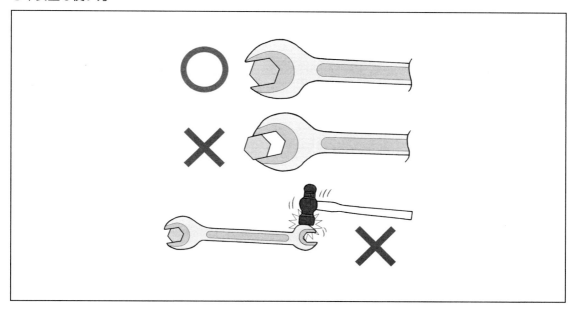

2．工具作業

工具作業（ヤスリ）

管理監督者が行う事項

① ヤスリの使用及び点検方法について教育する。
② ひびの入ったもの、柄の止め輪が破損したものなど、使用に適さないヤスリは作業場所から排除する。
③ 作業に適した照度を確保する。

作業者の遵守事項等

■ 柄のはめ方

① 右手でしっかりヤスリを持ち、左手は軽く柄をつかんでヤスリのコミを柄の穴に入れる（図参照）。
② 左手を離し、右手だけで柄尻を下にしてヤスリを垂直に立て、強くはめ込む。
③ 台の上でコツコツたたいてはめ込み、柄とヤスリが一直線になるようにする。
④ 固く、しっかりはめ、ヤスリ作業の途中で抜けることのないようにする。
⑤ ヤスリの柄は、必ず口に金属製の止め輪が入っているものを選ぶ（ヤスリを差し込んだとき、割れないようにするため）。

■ 柄の抜き方

① 金敷や万力などの角で、たたいて抜く。
② 右手で柄を持ち、左手をヤスリの穂先にそえる（強くたたきすぎて柄からヤスリが飛び出し、手足にケガをしないようにするため）。

■ ヤスリの構え方

① 万力の中心線が右腕と一致するように立ち、ヤスリの中央を工作物の上にのせる。
② 体は前方に向かせ、右足のつま先を約60度に開く。
③ 柄を正しく握り、右ひじは背部より出ないように、わきに軽くつけるようにする。
④ 左手でヤスリの先端を押さえる。
⑤ 万力、工作物、ヤスリ及び腕の中心線が、一直線になるようにする。
⑥ 右足はまっすぐに伸ばす。
⑦ 左足は自然に立ったままの状態にする（重心は両足の中心に置く）。
⑧ 上体はわずかに前方に傾け、工作物に正しく向かう。
⑨ 肩に力が入りすぎないように注意する。
⑩ 頭はわずかに前方に倒し、目は工作物の上面を注視する。
⑪ 左ひじを約120度に曲げ、張りすぎない

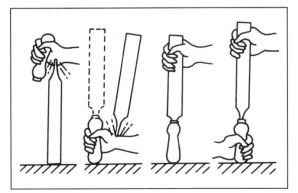

悪い柄のはめ方　　正しい柄のはめ方

2．工具作業

ようにする。

■ ヤスリの使用方法

① 構えた姿勢から左ひざを前方に曲げ、右ひざは曲げないで上体を前方に倒しながら、上体でヤスリの根元まで水平に押す。
② 体全体を引っ張るような感覚で、左手でヤスリを（前方へ）引く。
③ 体重は左足つま先で支え、軽くかかとをつける。
④ 左右の手は、ヤスリが水平に動くように、均等に力を入れる。
⑤ 右ひじは背部より遅れることのないように前に出す。
⑥ 右手の握りは、胸に当てないように、20～30ミリのすき間を保たせる。
⑦ 手で押すのではなく、体全体で押すように心掛ける。
⑧ ヤスリを引くときは、左手の力を抜き、

左ひじを伸ばし、左ひざを伸ばしながら上体を起こす。
⑨ ヤスリの穂先まで引き、元の姿勢に戻る。
⑩ ヤスリを引くときは、目は常に工作物を注視する。
⑪ ヤスリは常に水平に保ち、波を打たないように、工作物の上を滑るようにして引き戻す。
⑫ 用途に応じて直進法と斜進法を使い分ける（図参照）。

●直進法

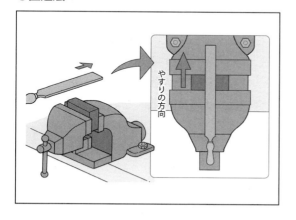

●斜進法

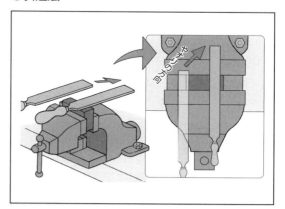

2．工具作業

工具作業(グラインダー)

管理監督者が行う事項

① 研削といしの取り換え、取り換え時の試運転の業務は労働安全衛生法第59条第3項による特別教育修了者に行わせる。
② グラインダーの使用方法、研削といしの危険性について教育する。
③ 研削といしの覆いを点検し、ひびがあるもの、変形したものなどは交換する。
④ 研削といしはその日の作業を開始する前には1分間以上の試運転をさせる。
⑤ 研削といしを取り換えたときには3分間以上の試運転をさせる。
⑥ 研削といしの最高使用周速度を超えて使用させてはならない。
⑦ 側面を使用することを目的とする研削といし以外の研削といしの側面を使用させない。
⑧ 防じんメガネ、防じんマスクを用意し、グラインダー作業中着用させる。

作業者の遵守事項等

■ 一般心得

① グラインダー作業には、防じんメガネや防じんマスクを着用する。
② カバー類を取り外して作業をしないようにする。
③ といしは、側面用のもの以外は側面を使用しないようにする。
④ といしは乾燥した場所に保管し、水分や湿気に注意する（強度が低下し、破損の原因になる）。
⑤ グラインダー作業は、削り粉が他の作業者の方へ飛ばない方向を向いて行う（やむを得ない場合には、遮へい板を置いて作業する）。
⑥ といしは壊れやすいため、ていねいに取り扱い、落としたり、ぶつけたりしないようにする。
⑦ といしの取り付け、取り換えは、指名された者が行う。
⑧ といしは機械の能力に応じた規定の大きさ以外のものを使用しない。
⑨ センターの狂ったといしは使用しない。
⑩ 作業場所の周囲に発火物がないかどうかを確認する（発火物があると、火花が飛散して火災が発生する恐れがある）。
⑪ やむを得ず発火物の周辺で作業をする場合には、火花が飛散しないように遮へい板を設ける。

■ 使用方法

① 電気グラインダーを使用する場合、三芯または四芯コードによって接地をする（接地しないと、感電の恐れがある）。
② 電気グラインダーを使用する場合、電源の電圧とグラインダーの電圧が合致していることを確認する（たとえば100ボルト用のグラインダーを200ボルト用の電源に接続すると、焼損するだけでなく、交流直巻

電動機の場合だと回転数が2倍近くになり、破壊を招く恐れがある）。
③ スイッチを入れる前に作業位置に注意し、といしが破壊した場合の飛散方向を避ける。
④ 作業を開始する前に1分間以上の試運転を行う。
⑤ スイッチを入れたとき、表示された回転方向と合致しているかどうかを確認する。
⑥ といしが新しいうちは深く切り込みがちであるため、押しつけないように注意して作業をする。
⑦ 作業中、グラインダーのといしと加工面との角度を15〜30度に保つ。
⑧ 回転中のといしの周辺には、手足を近づけないようにする。
⑨ 小物を研磨する場合、加工用治具を使用する。
⑩ 電気グラインダーは、雨や水などでぬらさないようにする（感電の恐れがある）。
⑪ 作業を中断する場合、グラインダーのといしが回転したままの状態で放置しないようにする。
⑫ 作業を中断する場合、スイッチを切り、といしの回転が確実に停止してから、静かに置く。
⑬ 電気グラインダーを使用しないときは、必ずコードを抜いておく。
⑭ エアーグラインダーを使用しないときは、必ずホースの元コックを閉じておく。
⑮ エアーグラインダーの空気の抜ける穴は、勝手に二次加工をしないようにする（回転スピードが上昇し、危険な状態になる）。
⑯ エアーグラインダーは使用前に給油し、連続使用する場合は2時間おきに給油する。

運搬作業（人力運搬）

管理監督者が行う事項

① 安全靴、保護手袋を用意すること。安全靴は種類が多いのでメーカー等とも相談し、取り扱う物の重量、作業場所等に適した物を選択する。
② 台車などの導入により人力運搬をできる限り少なくする。
③ 一人で取り扱う物の重量を少なくする。
④ 年齢及び性別に応じ次の表に掲げる重量以上の重量物を取り扱う業務に就かせてはならない（労働基準法第62条・年少者労働基準規則第7条）。

	満16歳未満		満16歳以上 満18歳未満	
	女	男	女	男
断続作業の場合	12kg	15kg	25kg	30kg
継続作業の場合	8 kg	10kg	15kg	20kg

⑤ 女性の年齢に応じ次の表に掲げる重量以上の重量物を取り扱う業務に就かせてはならない（労働基準法第64条の3、女性労働基準規則第2条・3条）。

●人力運搬の方法

好ましい姿勢

好ましくない姿勢

	満16歳未満	満16歳以上満18歳未満	満18歳以上
断続作業の場合	12kg	25kg	30kg
継続作業の場合	8 kg	15kg	20kg

⑥ 運搬する物の重量を見やすい位置に表示する。

⑦ 運搬する前の準備体操、運搬方法を教育する。

⑧ 運搬経路を確認し、つまずく恐れのある物などを排除する。

作業者の遵守事項等

① 安全靴、保護手袋を使用する。

② 準備体操をする。

③ 運搬経路の障害物を除去する。

④ 台車などの運搬具の使用を命じられたらそれを使用する。

⑤ 荷はできるだけ低くバランスよく積む。通路にはみ出して置かない。

⑥ 正しい作業方法で行う。
- 体をできる限り荷に近づけ、重心を低くするような姿勢をとる。腰部のひねりをしないようにする。
- 手はできる限り深くかける。
- 床面などから荷を持ち上げる場合、片足を少し前に出してひざを曲げ、腰を十分下ろして荷を抱え、足を伸ばすことによって立ち上がるようにする（図参照）。
- 荷のために前方の見通しが悪くならないようにする。

運搬作業（台車等）

管理監督者が行う事項

① 安全靴、保護手袋を用意する。
② 台車の許容積載量を台車の見やすい位置に表示する。
③ 台車の車輪、取っ手などを点検し、動きが滑らかでないもの、損傷したものはその旨表示し、補修が済むまで使用させない。
④ 次のことに関する安全衛生教育をする。
 ・台車の点検方法
 ・荷の持ち上げ方
 ・台車に荷を安定して乗せる方法
 ・台車の運転方法
⑤ 台車の運行経路上の物など、台車の転倒や傾きの原因となる物を排除する。

作業者の遵守事項等

① 会社が支給する安全靴、保護手袋を着用する。ズボンのすそが破れているものなど作業に不適な服装をしない。
② 台車の運行経路の点検をし、台車の転倒や傾きの原因となる物を排除し、または職長等に相談する。
③ 台車の点検を行い、動きのスムーズでないもの、車輪が傾いているもの、取っ手が損傷しているものなどは使用しない。作業に不適な台車がある場合は職長等に伝える。
④ 台車に乗せる荷を持ち上げるときは次により行う。
 ・体をできる限り荷に近づけ、重心を低くするような姿勢をとる。腰部のひねりをしないようにする。
 ・手はできる限り深くかける。
 ・床面などから荷を持ち上げる場合、片足を少し前に出してひざを曲げ、腰を十分下ろして荷を抱え、足を伸ばすことによって立ち上がるようにする。
 ・荷のために前方の見通しが悪くならないようにする。
⑤ 台車に荷を乗せるときは次のことに注意する。
 ・荷崩れを起こさないように均一に積む。
 ・重い荷は下にする。
 ・台車の許容積載量を超えない。
 ・前方が見えなくなるまで積まない。
⑥ 運転制御がきかないようであれば荷を減らす。
⑦ スピードを出したり蛇行運転をしない。
⑧ 他の作業者とすれ違うときは速度を落とす。
⑨ 停止線では必ず停止し、左右の安全を確認する。
⑩ 通路にはみ出して荷を置かない。
⑪ 台車を使用中に台車の動きがおかしくなったらそのまま使用しない。職長等に報告する。

運搬作業(コンベヤー)

管理監督者が行う事項

① コンベヤーのベルト、プーリー、ローラー、チェーン、スクリュー等に設けてある覆いまたは囲いのないもの、損傷しているものを使用させない。
② 荷積みまたは荷卸しを人力で行うコンベヤーにあっては、荷積みまたは荷卸しの箇所におけるコンベヤーの高さ、幅、速度等は作業者が作業を行うのに適した状態とする。
③ コンベヤーの起動、停止または非常停止のためのスイッチの機能を点検する。
④ 荷の脱落または滑ることを防止する装置が損傷しているものは使用させない。
⑤ コンベヤーの掃除、検査、修理等の作業を行うときは、コンベヤーの運転を停止させる。また、保全作業中、他の作業者が運転を起動できないようにする。
⑥ コンベヤーの掃除、給油、検査、修理等の作業を床面からできない場合は安全な昇降装置及び作業床を設ける。
⑦ 作業者がコンベヤーを横断する箇所には、高さが90cm以上で中さん付きの手すりを有する踏切橋を設ける。
⑧ コンベヤーがピット、床等の開口部を通っている場合は、囲いまたは手すりを設ける。
⑨ 作業床または通路の上方を通るコンベヤーには、荷の落下を防止するための設備

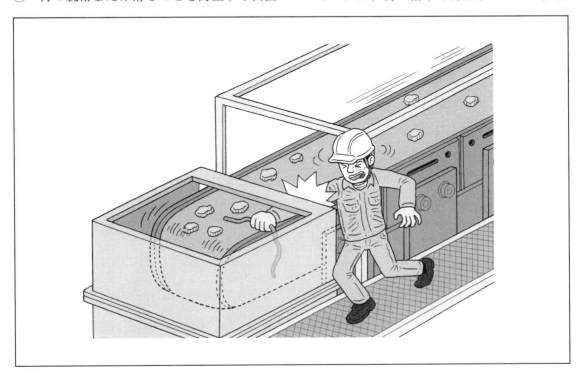

3．運搬作業

を設ける。
⑩ コンベヤーには、連続した非常停止スイッチを設け、または要所ごとに非常停止スイッチを設ける。
⑪ コンベヤーには、その起動を予告する警報装置を設ける。
⑫ 作業者に危険を及ぼすおそれのあるホッパー及びシュートの開口部には、覆いまたは囲いを設ける。
⑫ 荷積みまたは荷卸しを人力で行う場合は安全靴、保護手袋などを用意する。
⑬ コンベヤーの運転開始時に行う非常停止等の機能の確認作業、荷積み、荷卸しの作業、給油、保全作業についての安全衛生教育を行う。

作業者の遵守事項等

① コンベヤーの運転を開始するときは、起動、停止及び非常停止スイッチの機能の確認をする。適正に作動しないときは職長等に連絡する。
② 会社が支給する安全靴、保護手袋を着用する。ズボンのすそが破れているものなど作業に不適な服装をしない。
③ コンベヤーに乗せる荷を持ち上げるときは次により行う。
 ・体をできる限り荷に近づけ、重心を低くするような姿勢をとる。腰部のひねりをしないようにする。
 ・手はできる限り深くかける。
 ・床面などから荷を持ち上げる場合、片足を少し前に出してひざを曲げ、腰を十分下ろして荷を抱え、足を伸ばすことによって立ち上がるようにする。
④ コンベヤー上に荷を乗せるときはベルトやローラーの幅からはみ出さないようにする。
　ローラーコンベヤーにはローラー３本分以上に乗る荷を乗せる。
⑤ 作業の必要上やむを得ない場合であって、会社が安全上必要な措置を講じた場合を除き、コンベヤーに乗らない。
⑥ コンベヤーの掃除、検査、修理等の作業を行うときはコンベヤーの運転を停止する。また、運転を再開するときはコンベヤーの内に作業者がいないことを確認し、「運転開始！」の合図を行う。
⑦ 作業場所付近及び停止スイッチ等の周囲に障害物を置かない。
⑧ 点検作業などで外した囲いなどは作業終了後必ずもとの状態に戻す。

運搬作業（フォークリフト）

管理監督者が行う事項

① フォークリフトの運転の業務は次の資格を有する者に行わせること。

フォークリフトの最大荷重	資格
1トン以上	フォークリフト運転技能講習を修了した者（他に職業能力開発促進法に基づく訓練を受けた者等がある。）
1トン未満	・1トン以上の資格を有する者 ・フォークリフトの運転の業務に係る特別教育を受けた者

② 運行経路、作業の方法、荷の種類等を定めた作業計画を作成し、運転者、周辺作業者に周知する。

③ 単独作業を行う場合を除き、作業指揮者を定め、その者に作業指揮をさせる。

④ フォークリフトの制限速度を定め、それを遵守させる。

⑤ フォークリフトと作業者の激突を防止するため、フォークリフトの稼動範囲に作業者を立ち入らせない。立ち入らせるときは誘導者を配置する。

⑥ フォークリフトの運行経路の照明を確保する。

⑦ フォーク、パレットの点検を行い、損傷したものを使用させない。

⑧ 通路に物を置かせない。

⑨ 通路の損傷、でこぼこなどは早急に補修する。補修が完了するまではフォークリフ

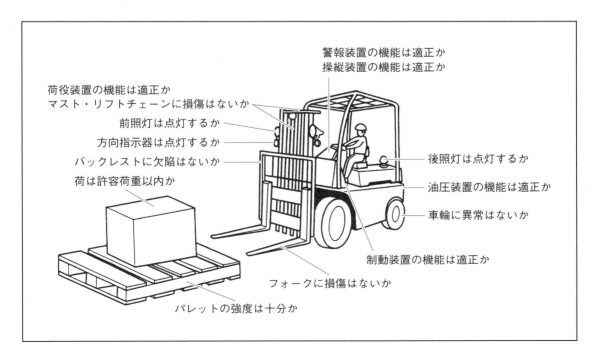

3．運搬作業

トの通行を禁止する、あるいは減速させる。
⑩　1年を超えない期間及び1ヵ月を超えない期間ごとに1回、定期に自主検査を行う（労働安全衛生規則第151条の21など）。

作業者の遵守事項等

①　作業計画に示された運行経路、作業の方法などを遵守する。
②　制限速度及び停止線での停止を守る。
③　作業指揮者、誘導者の誘導に従う。
④　許容荷重を超えて使用しない。
⑤　偏荷重が生じないように積載する。
⑥　運転位置から離れるときは、フォークを最低降下位置に置く、原動機を止め、かつブレーキをかけるなどの措置をする。
⑦　パレットなどの点検を行う。
⑧　フォークリフトのブレーキ、前照灯、警報器などに異常を感じたら職長等に連絡する。

■ 走行運転の基本（例）

項目	ポイント
・作業計画	・運行経路など作業計画で定められたことを守る。
・運転位置	・座席を最も運転しやすい位置に調整する。 ※座席以外の場所では運転しないようにする。
・始動、発進	・エンジンの始動時や発進時には、周囲の安全を確認する。 ※特に、後方の安全に注意する。
・急発進の禁止	・急発進をしないようにする。
・方向転換	・方向転換をするときは、進行方向や周囲の安全を確認する。
・急旋回の禁止	・急旋回をしないようにする。
・飛び乗りの禁止	・車両への飛び乗りをしないようにする。
・飛び降りの禁止	・車両からの飛び降りをしないようにする。
・二人乗りの禁止	・人をウェイト代わりに乗せたり、二人乗りをしないようにする。
・路面状態の確認	・走行中は絶えず路面の状態に注意し、路面の悪い場所ではゆっくりと走行する。
・曲がり角など	・通路の横断時や曲がり角では、一時停止をして左右の安全を確認する。
・追い越しの禁止	・見通しの悪い場所や危険な場所では、追い越しを行わないようにする。
・フォークの位置	・フォークを上げたままで走行しないようにする。
・高さ制限	・高さ制限のある場所や建物へ出入りする場合、以下の事項に注意する。 ①車幅及び車高と、出入口の幅及び高さ。 ②手や足を車体よりはみ出さないようにする。 ③周囲の安全を確認する。
・すれ違い時	・車両同士がすれ違う場合、速度を落とし、相手車両との安全距離を保つ。 ※相手車両の後方からの飛び出しに注意する。

3．運搬作業

項目	ポイント
・制限速度の遵守	・走行中は、制限速度を遵守する。
・停止時の注意	・ブレーキは、余裕をもって早目にかける。
・急停止の禁止	・急停止をしないようにする。
・積みつけの確認	・パレットに乗せた荷が、安全で確実に積みつけられていることを確認する。
・フォークの位置	・フォークをティルトしたままで積み荷をリフトアップしたり、発進したりしないようにする。
・フォークの高さ	・荷を積んで走行する場合、重心を低くして車両を安定させる。 ※フォークの高さは約20センチメートルに保つ。
・長尺物の運搬	・長尺物を運搬する場合、荷の端が浮き上がったり、荷に振り回されたりしないように注意し、ゆっくりと走行する。
・坂道での運搬	・荷を積んで坂道を走行する場合、前進で登り、後進で降りる。
・貨車などへの積み降ろし	・貨車やトラックへの積み降ろしを行う場合、使用する歩み板の強度や安定度を確認する。

■ 荷役操作の基本（例）

項目	ポイント
・減速	・運搬しようとする荷に接近するにつれて、安全な速度に減速する。
・一時停止	・荷の手前で、一時停止を行う。
・車体の向き	・荷に対して車体をまっすぐに向ける。
・フォークの差し込み	・フォークの差し込み位置を確認して、静かにフォークを差し込む。 ・フォークは、パレットやスキットに対して絶えず平行に保ち、こすりつけたり、無理に押し込んだりしないようにする。 ※うまくいかないときは、やり直す。 ・フォークは根元までいっぱいに差し込み、荷がフォークの垂直部前面またはバックレストに軽く接触する状態で荷を取り扱う。
・荷の持ち上げ	・荷を持ち上げるとき、いったん、フォークを地面から5～10センチメートル持ち上げ、荷の安定を偏荷重の有無を確認する。
・マストの後傾	・荷の状態を確認した後、マストをいっぱいに後傾させる。
・発進、走行	・フォークを地面から15～20センチメートルの高さまで持ち上げた状態で発進し、走行する。
・許容荷重の遵守	・許容荷重を超える重量の荷を積載しないようにする。
・パレットなどの選択、使用	・パレット、スキットは、十分な強度を有するものを使用する。

3．運搬作業

運搬作業（フォークリフト）

項目	ポイント
・フォークの取り付け間隔	・フォークの取り付け間隔は、できるだけ広くして、パレットの安定をよくする。 ※パレットの幅の2分の1以上、4分の3以下程度がよい。
・レバーの操作	・乱暴なレバー操作を行わないようにする。
・フォーク上への搭乗の禁止	・フォーク上に人を乗せて持ち上げたりしないようにする。
・フォーク下への立ち入りの禁止	・荷を積んでリフトアップしたフォークの下に、人を立ち入らせないようにする。
・つり下げの禁止	・フォークにワイヤーなどをかけて荷をつり下げたりしないようにする。
・一本積みの禁止	・フォークの一方だけで荷を積んだり、フォークの先で荷を突いたりしないようにする。
・傾斜作業の禁止	・車体が傾斜した状態では、荷積み作業を行わないようにする。
・二段積み	・やむを得ず、二段積みを行うときは、荷の安定を確認する。
・共同作業	・誘導者と共同作業を行うときは、誘導者の指示に従う。
・作業中止時	・作業を中止するときは、フォークを地上に降ろしておく。 ・運転席を離れるときは、エンジンを切り、キーを抜いて携帯する。

■ 積みつけ・荷降ろしの基本（例）

手順	ポイント
・積みつけ場所への接近	・積みつけ場所に接近したら、速度を落とし、手前で一時停止を行う。
・危険の有無の確認	・積みつけ場所に、荷崩れの危険や破損などがないか、確認する。
・マストの前傾	・マストを垂直の位置まで前傾させる。
・リフトアップ	・積みつけする荷を、積みつけ位置より5〜10センチメートル高く持ち上げる。
・前進	・積みつけ場所まで静かに前進する。
・一時荷降ろし	・荷を一度、積みつけ予定位置に降ろす。
・フォークの部分抜き	・フォークの4分の1〜3分の1が抜ける位置まで後進する。
・荷の持ち上げ	・再度、荷を5〜10センチメートルの高さに持ち上げる。
・前進	・正しい積みつけ位置まで前進する。
・荷降ろし	・正しい積みつけ位置に、荷を降ろす。
・後進	・フォークが完全にパレットから抜けるまで、ゆっくりと後進する。
・走行	・フォークを降ろし、マストを後傾させて、走行状態に戻し、走行する。

3．運搬作業

手順	ポイント
・取り降ろし場所への接近	・取り降ろし場所に接近したら、速度を落とし、手前で一時停止を行う。
・危険の有無の確認	・取り降ろし場所に、荷崩れの危険などがないか、確認する。
・マストの前傾	・マストを垂直の位置まで前傾させる。
・差し込み位置の調整	・フォークを、パレットやスキットの高さまで上げ、差し込み位置を合わせる。
・フォークの差し込み	・フォークの差し込み位置を確認しながら、フォークの4分の3〜3分の2が入るまで、ゆっくりと前進する。
・荷の持ち上げ	・荷を5〜10センチメートルの高さに持ち上げる。
・後進	・荷を持ち上げた状態で、15〜20センチメートル、ゆっくりと後進する。
・一時荷降ろし	・荷を一度、ゆっくりと降ろす。
・フォークの差し込み	・ゆっくりと前進し、フォークを根元まで差し込む。 ※フォークの垂直部前面またはバックレストに軽く接触するまで差し込む。
・荷の持ち上げ	・再度、荷を5〜10センチメートルの高さに持ち上げる。
・後進	・荷を積んだフォークを降ろせる位置まで、ゆっくりと後進する。
・フォークの下降	・地面から15〜20センチメートルの高さ（地面からパレットの底面までの高さ）まで、フォークを降ろす。
・マストの後傾	・マストをいっぱいに後傾させる。
・運搬	・目的の場所まで荷を運搬する。

運搬作業（クレーン運転・玉掛け）

管理監督者が行う事項

① クレーンの運転・玉掛けの業務は資格を有する者に行わせる。

		資格
クレーンの運転	つり上げ荷重が5トン以上のクレーンの運転の業務	クレーン・デリック運転士免許を受けた者
	つり上げ荷重が5トン以上の床上操作式クレーンの運転の業務	・クレーン・デリック運転士免許を受けた者 ・床上操作式クレーン運転技能講習を修了した者
	つり上げ荷重5トン未満のクレーン	クレーンの運転の業務に係る特別の教育を受けた者
玉掛け	つり上げ荷重1トン以上のクレーンの玉掛け	玉掛け技能講習を修了した者（他に職業能力開発促進法に基づく訓練を受けた者等がある。）
	つり上げ荷重1トン未満のクレーンの玉掛け	・つり上げ荷重1トン以上のクレーンの玉掛けの資格を有する者 ・玉掛けの業務に係る特別の教育を受けた者

② クレーンの巻きすぎ防止装置、外れ止め装置、操作装置の点検を行い、異常のあるクレーンを使用させない。

③ 玉掛用具の点検を行い、素線切れのもの、キンクしたものなど不適格な玉掛用具を使用させない。

④ クレーンの定格荷重を超える荷重をかけて使用させない。

⑤ 1年以内ごと及び1ヵ月以内ごとに1回、定期に自主検査を行う（クレーン等安全規則第34条など）。

⑥ クレーン検査証の有効期間を超えて使用させない。

⑦ クレーンの運転経路につまづきの原因となるものなどを排除する。

⑧ クレーンの運転経路から他の作業者を排除する。

⑨ 保護帽、安全靴を用意する。

作業者の遵守事項等

① 指定された保護具を着用すること。ズボンのすそが破れているものなど作業に不適な服装をしない。

② クレーンの運転経路につまづきの原因となる物などを排除する。

③ 作業開始前に巻きすぎ防止装置、外れ止め装置、操作装置の点検を行い、異常のある場合は職長等に告げる。

④ 玉掛用具の点検を行い、素線切れのもの、キンクしたものなど不適格な玉掛用具がある場合は職長等に告げる。

⑤ 荷重を確認し、荷重に適した玉掛用具を選定する。

⑥ クレーンの定格荷重を超える荷重をかけて使用しない。

⑦ 荷の重心に玉掛けをする。

⑧ つり上げ時に必ず地切りを行うこと。荷が傾いたり振れはじめたときは荷を下ろし修正を行う。

⑨ 玉掛者とクレーンの運転者が共同作業する場合は合図を確実に行う。

⑩ 乱暴な運転をしないこと。荷が振れたら修正する。

玉掛けの方法

■ ロープの掛け方

① 1本つりを行うときは「目通し1本つり」を避け、2箇所にロープがかかる方法で行う。

※1本つりは荷が回転する恐れがあり、ロープの「より」が戻って弱くなるため、落下やずれの危険がない場合にのみ行う。

② 長い棒状物をつるときは、ロープを1回巻く「あだ巻き」にする。

③ T字形の荷をつるときは「3本つり」にする。

④ 「目通し2本つり」をするときは、締め方を「深絞り」にする。

⑤ 円錐形の荷をつるときは、底面で2本のロープを十文字に組む「あやがけ」にする。

⑥ 棒状物をまとめてつるときは、「はかま」にして荷の一部が落ちないようにする。

⑦ アイ以外でロープをフックに掛けるときは、フックの上でロープを交差させる「フック殺し」にする。

⑧ 一方のアイにロープを通してフックに掛ける「3つ掛け」は、原則的に行わないようにする。

■ 荷のつり方

① 荷の重心がどこであるか、正確に判断する。

② 荷の重心ができるだけ低くなるようにする。

③ 荷の重心の真上にフックを誘導する。

④ 重心が荷の上部にあるものや、左右に片寄っているものは、傾斜しないように注意する。

⑤ ロープはフックの中心に掛ける。

⑥ ロープが均等に張るようにする。

⑦ 当て物(やわら)は正しく当てる。

⑧ アイボルト、シャックルなどは正確に取り付ける。

⑨ 荷の重量が明示されていない場合、荷の形状に応じて、次の算式で概算する(長さ1mあたりの重量)。

- 角鋼:1辺の2乗×0.8kg
- 丸鋼:直径の2乗×0.6kg
- 鋼管:(外径−厚さ)×厚さ×1.2kg

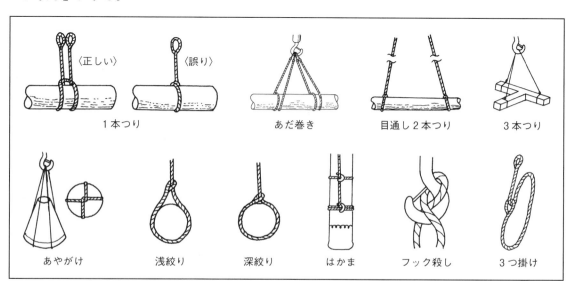

3．運搬作業

■ 玉掛けの力学

●玉掛けワイヤロープの太さと安全荷重

つり角度	張力	圧縮力
0°	1.00倍	0倍
30°	1.04倍	0.27倍
60°	1.16倍	0.58倍
90°	1.41倍	1.00倍
120°	2.00倍	1.73倍

例．2本つりの安全荷重

$$安全荷重 = \frac{2 \times (切断荷重)}{6 \times (つり角度に対する張力の倍数)}$$

そえロープの長さ
（ききロープの長さに対する倍数）

ききロープの角度 a \ b そえロープの角度	15°	30°	45°	60°
15°	1	1.1	1.4	1.9
30°	−	1	1.2	1.7
45°	−	−	1	1.4

ききロープの張力トン（荷重2トン）

ききロープの角度 a \ b そえロープの角度	15°	30°	45°	60°
15°	1.0	1.4	1.6	1.8
30°	−	1.2	1.5	1.7
45°	−	−	1.4	1.8

●重心が荷の上部にあるものや、左右に片寄っているものは、特に傾斜しないように注意する。

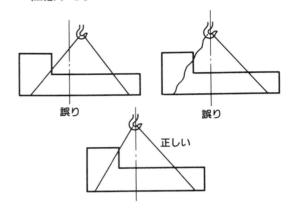

●重心の偏った荷を水平につるためには、重心の真上にフックを誘導し、左側と右側で長さの違ったロープを使用する。

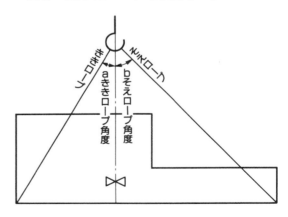

●つり上げる荷の重量と、重心の位置を把握した後、重量・形状に最も適した安全な玉掛け用具を選ぶ。

玉掛けロープの
つり角度と張力

 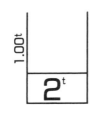 

■ クレーン作業の手順（例）

手順	作業方法とポイント
●フックの誘導	・合図者は、クレーンの運転士から見やすく、作業状態が分かりやすい、安全な場所に位置する。 ・フックをつり荷の重心の真上に誘導する。 ・補助者にフックが当たらないように、注意する。 ・誘導中、足元に注意する。
●フック掛け	・つり荷のつり角度は、60度以内になるようにする。 ・つり荷に適した補助具や当て物を使用する。 ・ワイヤロープが重ならないように注意する。 ・ワイヤロープがよじれないように注意する。 　※よじれると強度が低下する。 ・ワイヤロープがフックから外れないような方法でフック掛けを行う。 ・横引きや斜めづりにならないようにする。
●ロープ張り （つり上げ前）	・荷の安全を確かめてから、運転士に合図を行う。 ・合図は指名された者が一人で、はっきりと行う。 ・補助者がいる場合は、準備が完了したことを確認し合う。 ・周囲の危険な場所に人がいれば、立ち退かせる。 ・ワイヤロープは手のひらで押さえるようにして支える。 　※ワイヤロープを手で握っていると、荷とロープの間に手を挟まれる恐れがある。 ・ワイヤロープが張りつめた時点で、いったんフックを止め、各部を点検する。
●ちょい上げ	・離床するときは横ぶれの恐れがあるため、荷から2メートル以上、離れておく。 ・合図者は、自分だけでなく、補助者の退避を確認する。 ・離床までは、ロープはゆっくりと「ちょい巻き」する。 ・離床したら、20〜30センチメートル以内の高さでいったん荷を止め、地切りをする。 ・つり荷が不安定な場合、降ろしてやり直す。
●つり上げ	・玉掛けの状態が良好かどうか、確認してからつり上げる。 ・つり荷の上に乗ったり、つり荷の下に入らないように注意する。 ・荷をつり上げている間、合図者はよそ見をせず、たえずつり荷の状態を監視する。 ・巻き上げ作業中は、周囲の状況を正しく判断し、つり荷が他の物品に当たらない安全な高さで止める。 ・原則として、つり荷の高さの1.5倍以上の距離まで離れておく。
●荷の移動 （誘導）	・移動方向は、つり上げが終わってから指示する。 　※つり上げが終わる前に指示すると、斜めづりを行う恐れがある。 ・移動方向は明確に指示する。 ・合図者は、つり荷より先を歩く。 ・移動方向に人や障害物がないように注意して誘導する。 ・誘導中に、つり具やつり荷が異常音を発した場合、クレーンを止めて点検する。 ・必要に応じて「かいしゃくロープ」を使う。

3．運搬作業

運搬作業（クレーン運転・玉掛け）

手順	作業方法とポイント
●つり下げ	・荷を降ろす場所を早目に指示する。 ・荷を降ろす場所の真上で、いったん荷を静止させる。 ・つり荷の下に人が入らないように注意する。 ・つり荷の横揺れに注意し、安全な位置でつり下げを合図する。 ・着床前に、床上20～30センチメートル以内の高さで、いったん荷を停止させる。
●ちょい下げ	・「まくら」を正しく設置する。 ・ワイヤロープや当て物が下敷きにならないかどうか、確認する。 ・つり荷の位置を修正する場合、荷を引き寄せて修正しないようにする。 ・つり荷に手を触れないですむように、整理棒やカギ棒などを使用する。 ・安全を確かめながら、徐々に荷を降ろす。 ・着床がうまくいかないときは、やり直す。 ・つり荷が転倒しないように注意する。
●ロープ外し	・パイプや条鋼などは、ワイヤロープを緩めたとき、荷が崩れないように注意して扱う。 　※必要に応じて「歯止め」をかける。 ・フックを適当な位置まで下げて止め、ワイヤロープを外す。 ・ワイヤロープを外し終わってから、運転士に終了の合図を行う。 ・ワイヤロープを引き抜く場合、荷の転倒や崩壊に、十分気をつける。

運搬作業（自動搬送機）

設備の概要

図1は、供給した荷を昇降路に設けた昇降台によって特定のフロアーまで運搬する設備で、荷の動きは次のとおり。

【設備の電源ON→フォークリフトなどによって入口に設置した供給用コンベヤー台に荷を置く→置かれた荷をセンサーで検知、コンベヤーの動力が自動でON→荷が昇降台のテーブル上まで移動→荷がテーブル上の定位置にあることをセンサーで検知、昇降用の動力ON→特定のフロアー位置で昇降台停止→昇降台のコンベヤーが作動し、荷は出口に設置した排出用コンベヤー台に移動→フォークリフト等によって荷を取り出す】

供給用コンベヤーに荷を乗せること及び排出用コンベヤーから荷を取り出すこと以外は作業者が関わることはなく、すべて設備内に設置したセンサーによる検知、指令によって動力のON・OFFが行われる。

事業場によって設備には多少の差異があるものの、自動搬送機としての機能は共通している。

安全上の課題

■ 災害事例

図2には昇降路の途中で停止している昇降台がある。そこに作業者が張り付いている。

昇降路の途中で停止している昇降台を見つけた担当の作業者は、とっさに昇降路をよじ登り昇降台の位置まで到達した。その場所で、荷の位置を修正した。荷の位置がずれて昇降台が停止するトラブルをしばしば経験しているので、その処理は心得ていた。荷の修正が終わった直後昇降台が上昇を始めた。いつもは昇降台が昇降を始める直前に昇降台から昇降路に身体を移動させていたが、この日は動作が遅れ、移動前に昇降台が上昇を始めた。腕が昇降台からはみ出していたので、昇降台と昇降路との間に腕を挟まれ、切断した。

この災害の最大の原因は自動搬送機の運転を停止しないことにある。運転状態で荷の修正を行えばセンサーはずれが修正されたことを検知し、停止が解除され昇降台は通常の状態に復帰し昇降を始める。

図1は設備の周囲に覆いをし、特定した入り口でしか設備の中に入ることができないよ

●図1

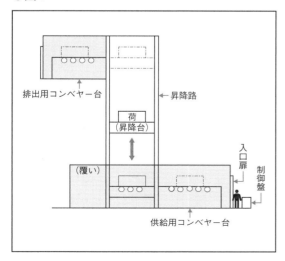

3．運搬作業

うに改善したものである。覆いがないと電源を切らないまま設備内に入ってしまうことになる。この事例のように昇降台が停止していると運転状態にあることを忘れてしまうことにもなる。

自動搬送機の周囲に覆いを設け、入口を特定する。入口には扉を設け、扉を開けると設備の電源がOFFになる。電源をONにするためには制御盤での操作を必要とする。扉を閉めると電源がONになるような機能は持たせない。

設備の中に入る作業者には扉に付いているスイッチを持参させる。スイッチを扉にセットしなければ設備は運転できない機能とする。これは作業者が設備内にいるときに制御盤による設備の運転を許可しないためである。

設備の運転には、扉を閉める、スイッチをセットする、制御盤で電源をONにする動作がなければならない。

●図2

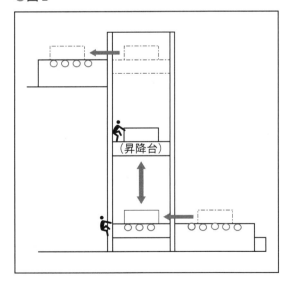

■ 課題

自動運搬機、自動化機械などについて安全上の課題があると認識されることは比較的少ない。自動化されているから作業者が関わらないので労働災害は起こらない、と考えがちである。

機械設備はそれが自動化されたものであってもそれを構成する部品が壊れたりセンサーなどの機器の機能が失われたりすることは避けられない。これらのトラブルを自動的に修復する自動化設備はない。修復に必ず作業者が関与する。この関与の仕方を考えておかないと事故が起こる。

自動搬送機によって死亡災害を含む重篤な事故が発生している。自動搬送機を適正に使用していくことを考えることは、他の自動化された機械設備の安全を考えるときに応用ができる。

自動搬送機でのトラブルは、部品の損傷、センサー等の故障などの他、センサーで制御している対象（上の例でいえば荷の位置が一定範囲を超えた状態）による設備の停止などがある。こうしたトラブルを修正するために作業者が設備の中に入ることになる。

自動搬送機に備える安全対策は上に述べたとおりであるが、例えば、上記の例はトラブルの修正を終えた作業者が入口に戻り、制御盤で電源をONすることにより運転状態になるが、もし、トラブルの修正の後、修正の良否の確認のためにたびたび修正箇所と入口までの往復を強いるような場合、さらに、修正箇所と入口までの距離が大きい場合など、修正作業の場所で修正の良否を確認するためにその場で自ら電源を操作できないか、あるいは自身は修正場所に位置し他の作業者による電源操作ができないかと考える作業者はいないだろうか。こうした事態を放置しておくと作業者の勝手な行動が生まれ、事故が発生することにもなる。

設備内でのさまざまなトラブルを想定し、設備内に入る作業者にどのような手順や行動を取らせるか、それは作業者に過大な負担を

かけるものではないかなどをあらかじめ検討し、一定の手順や行動を定める。定めた手順や行動は作業者に遵守させる。これが自動搬送機の安全対策の基本である。と同時に、扱う荷の種類の変化、新たなトラブルの発生等によって手順や行動を見直さなければならない事態の発生も予想される。作業者の意見も聴取しつつ新たな取り組みへの姿勢も重要である。

管理監督者が行う事項

① 自動搬送機の周囲に覆いを設け、入口を特定する。
② 入口以外から設備内に立ち入ることを禁止する。
③ 制御盤のスイッチ、表示灯の機能を確認する。
④ 扉及び扉に設けたスイッチの機能を確認する。
⑤ 供給用コンベヤー、昇降台、排出用コンベヤーが正常に作動することを確認する。
⑥ トラブル等の際に設備内に入る手順を作成し作業者に教育する。
⑦ トラブルの発生が度重なる箇所は、メーカー等の協力も得て原因を究明し、根本的な改善をする。

作業者の遵守事項等

① 指示されたトラブル修正時の手順を遵守する。
② 供給用コンベヤー、昇降台、排出用コンベヤー等に異常を感じたときは職長等に告げる。
③ 指示された手順を変更したいと感じたときは職長等に告げること。勝手に変更しない。

機械取り扱い作業（共通）

管理監督者が行う事項

■ 機械の導入・設置時

① 機械の導入時に次の点を確認する。
- メーカーが施している安全対策の内容についてメーカーから説明を受け、把握する。
- メーカー段階での残留リスク（メーカーでの安全対策において残されたリスク）についての情報を受ける。残留リスクについてメーカーによる警告表示があることが望ましい。
- 機械の安全で正しい使用のための「使用上の情報」の提供をメーカーから受ける。
- 工作機械の構造の安全基準に関する技術上の指針（昭和50年10月18日技術上の指針公示第4号）による規定に留意した工作機械を導入するよう努める。
- プレス機械・研削盤など労働安全衛生法別表第2及び労働安全衛生法施行令第13条に定められている機械については、厚生労働大臣が定める規格に適合していることをメーカーから説明を受ける。

② 機械の設置時には次の点を確認する。
- 起動ボタンは機械が見渡せる場所に設置する。起動ボタンは接触、振動等により起動しないようにする。
- 非常停止ボタンは機械の運転者が非常の際に直ちに操作できる位置に設置する。
- 設置場所は、機械の保守・点検等の際に覆い、囲いなどが容易に外せる空間があるか。
- 保守等の際、重い部品を取り外すときにクレーン等の使用が可能か。
- 回転軸、歯車、プーリー等に附属する止め具は埋頭型にし、または覆いを設ける。
- 機械間またはこれと他の設備との間に設ける通路は、幅80cm以上とする。
- 機械のテーブルなどが移動するものは、移動範囲に覆い、サク等を設ける。
- 機械を操作する位置が高いときは安全な作業踏み台を設ける。

■ 機械のトラブル等における運転停止等

① 機械のトラブル処理、掃除、給油、検査、修理等の作業を行うときは機械の運転を停止させる。
② ①において機械の運転を停止したときは起動ボタンに錠をかける、「起動しないこと」などの表示板を取り付けるなどをして勝手に運転させない。

■ 機械の使用

① 機械の正しい使用方法について教育する。
② 機械の運転開始の合図を定め、運転を開始するときは明確に合図をさせる。
③ 回転する歯、羽根等巻き込まれる恐れがあるときは覆い等を設ける。
④ 加工物や切削屑が飛来する恐れのあるときは、覆い等を設ける。
⑤ 髪の毛が巻き込まれることを防止するため作業帽を着用させる。

4．機械取り扱い作業

作業者の遵守事項等

① 指定された作業服を着用し、ボタン取れはすぐ直す。
② 支給された作業帽などを正しく着用する。
③ 機械の正しい取り扱い、作業手順を守る。
④ 機械の運転開始の合図を明確に行う。
⑤ 機械にトラブルが発生したときは運転停止を行う。

●機械の包括的な安全基準に関する指針（平成19年7月31日基発第0731001号）に基づく機械の安全化の手順

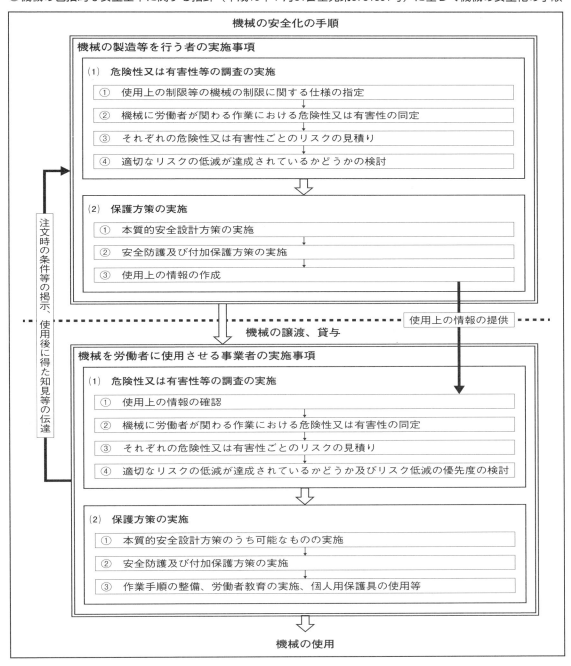

機械取り扱い作業（旋盤）

管理監督者が行う事項

■ 安全機能

工作機械の構造の安全基準に関する技術上の指針（昭和50年10月18日技術上の指針公示第４号）に定める次の事項が配慮された機械の導入に努め、維持管理する。

- 送りの動力伝導部分には、過負荷安全装置を設けることが望ましいこと。
- 心押台及び心押軸は、確実な機能を有するクランプ機構を備えていること。
- クランプ機構は、自動旋盤においては、主軸の回転とインターロックされていることが望ましいこと。
- パワーチャックを有する旋盤にあっては、次に定めるところによることが望ましいこと。
  - イ　パワーチャックのつめの開閉は、主軸の起動及び停止とインターロックされていること。
  - ロ　パワーチャックの作動が確認できる位置に圧力計を設けること。
  - ハ　パワーチャックのつめの開閉用レバーは、ノッチ等により確実に保持されていること。
- コレットチャックを装着する旋盤にあっては、コレットを開閉するためのつめ、つめホルダーその他の部品は、回転中に緩む恐れのない構造とすること。
- チャックまたは面板は、容易に開閉できる覆いまたは囲いを設けることが望ましいこと。ただし、小型旋盤でコレットチャックを使用する場合及び切削屑及び切削油による危険を防止するために設ける覆いまたは囲いであって、当該旋盤の運転とインターロックされており、かつ、当該旋盤のチャックまたは面板の回転中は作業者が接触する恐れのない機能を有するものを設けた場合は、この限りでないこと。
- 数値制御旋盤、自動旋盤等であって、往復台及び横送り台が過走する恐れのあるものにあっては、それぞれに送り停止用リミットスイッチ等を設けること。
- 数値制御旋盤、自動旋盤等に設ける切削屑及び切削油による危険を防止するための覆いまたは囲いの開閉は、当該旋盤の運転とインターロックされていることが望ましいこと。
- 旋盤の下部には、落下する切削屑及び切削油を受け入れるための容器を備えていること。

■ 安全措置

① 旋盤取り扱い作業者に対し、旋盤の危険性・取り扱い方法、作業手順などについてあらかじめ教育する。
② 作業を監視し、旋盤の危険な取り扱いをしている場合は指導する。
③ 作業者に使用させる治具や工具を用意する。
④ 工具、治具の正しい使用を監視する。
⑤ 切削屑、切削油を管理する。

作業者の遵守事項等

① 旋盤の正しい取り扱い、作業手順を守る。
② 工具、治具を正しく使用する。
③ チャック等に異常を認めたときは職長等に報告する。
④ 旋盤にトラブルが発生したら運転停止をする。

■ 旋盤の使用(例)

〈旋盤の操作方法〉

項目・手順	ポイント
〈往復台の手送り操作〉 ・旋盤の中央の前に立つ。 ・往復台のハンドルを握る。 ・手送りを行う。 　※手送りに合わせて、正しい方向に足を移動させる(図1参照)。 ・操作を繰り返す。 ・往復台を寄せる。 〈ハンドル操作〉 ・直線操作＝曲がり角へきたときにハンドルを移動方向に正確に回転させる。 ・曲線操作＝右手のハンドルと左手のハンドルを同時に操作する。 〈主軸変速レバー操作〉 ・レバー操作の準備を行う。	 ・各部のクラッチやレバーが中立になっているかどうか確認する。

●図1　手送り操作の位置(A→A'、B→B'が足の位置の移動方向)

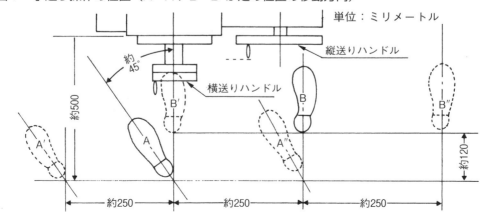

4．機械取り扱い作業

項目・手順	ポイント
・主軸回転数を決定する。 ・主軸を回転させる。 ・主軸を止める。 ・操作を繰り返す。 〈四方締めチャックによる丸棒の取り付け・取り外し〉 ・材料を取り付ける。 ・材料を取り外す。 〈刃物の取り付け〉 ・刃物を取り付ける。	・変速レバーは、最低の回転数にセットする。 ・スイッチレバーを正回転の位置にセットする。 ・回転部分が完全に静止するまでは絶対に手を触れない。 ・材料は右手で持つ（図2参照）。 ・材料の切削面のバリなどに注意する（図3参照）。 ・材料がチャックに完全に取り付け終わるまで、右手で支える。 ・材料取り付け時は、左足を約30度外側に開く（図4参照）。 ・材料はチャックハンドルに確実に入れ、4本のツメで均等に締めつける。 ・チャックハンドルを両手で握り、1箇所だけツメを緩める。 ・次のツメを両手で少し緩め、右手で材料を確実に持つ。 ・摩擦熱による火傷やバリによる切傷に注意する。 ・刃物はシャンクの1.5倍以上に露出させないようにする。 ・刃物台を回し、取り付けやすい45度の位置でボルト（締めつけボルト）を締めつける。

●図2　材料の正しい持ち方

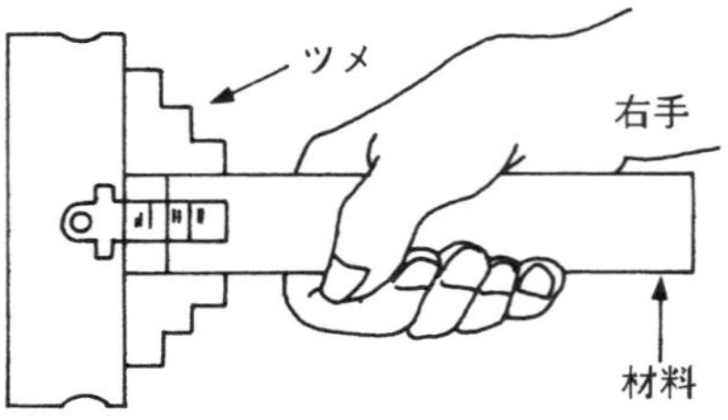

●図3　材料の悪い持ち方

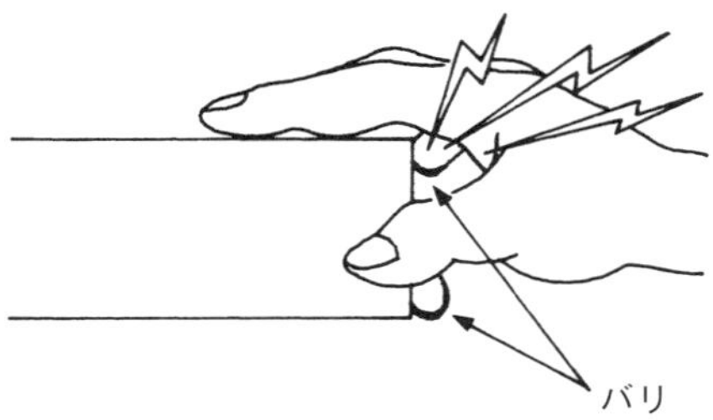

●図4　丸棒の取り付け・取り外し時の足の位置

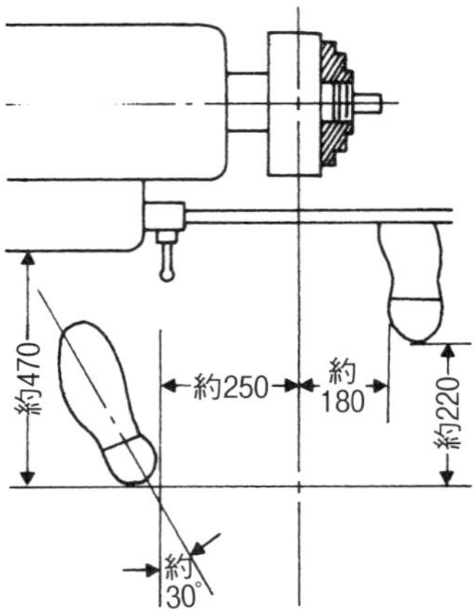

〈切削作業方法〉

項目・手順	ポイント
〈手送りによる外径削り・端面削り〉 ・材料を取り付ける。 ・芯出しを行う。 ・端面を切削する。 ・外径を切削する。 ・バリを取る。 ・材料を反対にして取り付ける。 ・端面を切削する。 ・バリを取る。 ・材料を取り外す。 ・後仕末を行う。 〈段切削〉 ・外径を切削する。 ・段の荒削りを行う。 ・段の中削りを行う。 ・段の仕上げ削りを行う。 ・材料を反対にして芯出しを行う。 ・外径を切削する。 ・バリを取る。	・保護メガネ、安全靴などの保護具を使用する。 ・チャックの正面に立たないようにする。 ・切片が帯状に長く伸びないように、送りを止めて短く切断する。 ・切粉の除去には、ブラシやかき棒など、専用の治具を使用する。

機械取り扱い作業（ボール盤）

管理監督者が行う事項

■ 安全機能

工作機械の構造の安全基準に関する技術上の指針（昭和50年10月18日技術上の指針公示第4号）に定める次の事項が配慮された機械の導入に努め、維持管理する。

- 送りの動力伝導部分には、過負荷安全装置を設けることが望ましいこと。
- ボール盤の主軸頭またはラジアルボール盤のアームの昇降装置には、その過走または落下を防止するための装置を設けることが望ましいこと。
- ドリル、リーマー、タップ等の工具を保持するために用いるチャックは、突起部がない安全な形とすること。
- 切削中の負荷を監視する計器は、作業に従事する作業者が見やすい位置に設けることが望ましいこと。
- ドリル、リーマー、タップ等の工具は、その切削点以外の部分を覆う適当な覆いを設けることが望ましいこと。
- 加工物をテーブルに保持するための治具または取付具を取り付けるためのTみぞまたは取付穴をテーブルに設けること。

■ 安全措置

① ボール盤取り扱い作業者に対し、ボール盤の危険性・取り扱い方法、保護具の取り扱い、作業手順などについてあらかじめ教育する。
② 作業を監視し、ボール盤の危険な取り扱いをしている場合は指導する。
③ 手袋の使用禁止作業を明らかにし、作業者に徹底する。
④ 保護メガネなどの保護具を点検し、不適切なものは交換する。
⑤ 保護具、治具、工具の正しい使用を監視する。
⑥ 切り屑を管理する。

作業者の遵守事項等

① ボール盤の正しい取り扱い、作業手順を守る。
② 手袋の使用禁止作業では手袋を使用しない。
③ 保護具の正しい着用及び指定された治具、工具を正しく使用する。

■ 材料の取り付け・取り扱い

① 材料は、加工中に回らないように取り付ける。
※材料が振り回されるのは、穴開け終了時と、貫通したドリルを穴から抜くときが多い。
② 小さな材料でも、手で支えないようにする。
※バイスやストッパー（振れ止め）を使用する。
③ 材料を動かす場合、ドリルを安全な高さ

4．機械取り扱い作業

まで上げてから行う。

■ ドリルの取り扱い

① 適正な角度に研削されたドリルを使用する。
② ドリルの刃先と切削点のセンターが合った状態で各摺動部をロックする。
③ ドリルの回転数は、適切な切削速度を得られるように設定する。
④ 作業中、ドリルの真下には絶対に手を入れないようにする。
⑤ 切れ味の鈍ったドリルを無理に押しつけないようにする。

⑥ ドリルの刃先が加工物を貫いたかどうかを、指先で探ったりしないようにする。
⑦ ドリルが加工物を貫通した瞬間が最もドリルが折れやすいため、十分に注意する。

■ 切り屑の取り扱い・処理

① 切り屑が多く伸びないように、加工中にときどきスピンドルを上げ、加工物からドリルを抜き出して切り屑を除外する。
② ドリルの回転中に、素手やボロなどで切り屑を取り除いたりしないようにする。
※必ず、ブラシや屑取り棒などを使用する。

■ ボール盤の使用（例）

〈準備作業〉

手順	ポイント
〈注油・点検〉 ① 準備をする。 ② 清掃を行う。 ③ 油を差す。	・油差しやウエスなどをそろえる。 ・電源スイッチを必ず切っておく。 ・摺動部は特にきれいに清掃する。 ・オイルゲージのある部分は、指示された印まで油を差す。
〈主軸の回転と変速操作〉 ① 準備をする。 ② 位置につく。 ③ 主軸の回転数を決める。 ④ 主軸を回転・停止させる。 ⑤ 操作を繰り返す。	・電源スイッチは右手で操作する。 ・起動停止レバーが停止状態であることを確認する。 ・テーブルに向かってやや右寄りに位置する。 ・変速レバーを最低位置にセットする。 ・約3分間、主軸を空転させる。 ・主軸の先端を注視する。 ・停止するまで回転部には手を触れないようにする。 ・順次、高速回転にセットし、正転、停止、逆転を繰り返す。 ・変速レバーの切り換えは、主軸が止まってから行う。

4．機械取り扱い作業

手順	ポイント
〈送り操作〉 ① 準備をする。 ② 手送りを行う。 ③ 自動送りの準備をする。 ④ 自動送りを行う。 ⑤ 操作を繰り返す。	・電源スイッチを入れる。 ・送り変速レバーを停止の位置にしておく。 ・常に主軸先端を注視する。 ・送り速度を一定に保つ。 ・送り変速レバーを、最低位置にセットする。 ・主軸回転数200〜300回転（毎分）にセットする。 ・回転数と送り量を変えて行う。
〈テーブル操作〉 ① テーブル台を上下に動かす。 ② 左手でテーブルを回す。 ③ テーブル台を左右に動かす。 ④ 操作を繰り返す。	・上下移動量を確認する。 ・右手は操作ハンドルを軽く握る。 ・十分に腰に力を入れ、押したり、引いたりする。
〈工具の取り付け・取り外し〉 ① 準備をする。 ② テーパシャンクドリルを取り付ける。 ③ ドリルを取り外す。 ④ ドリルチャックを取り付ける。 ⑤ ストレートシャンクドリルを取り付ける。 ⑥ ドリルを取り外す。 ⑦ ドリルチャックを外す。 ⑧ 操作を繰り返す。	・主軸のテーパ穴を掃除する。 ・起動停止レバーが停止状態であることを確認する。 ・タングの向きとドリフト穴の向きを合わせる。 ・手で引っ張っても抜けないことを確認する。 ・ドリルの刃部を直接、手で持たないようにする。 ・ドリルの寸法を確認する。 ・主軸を手で回し、ドリルの偏心を見る。 ・左手でドリルを受ける。

4．機械取り扱い作業

〈穴開け作業〉

手順	ポイント
① 図面と材料を確認する。 ② ケガキ・ポンチ打ちを行う。 ③ 材料を取り付ける。	・穴を開けようとする位置に締めつけ板をかぶせないようにする。 ・テーブルの溝を利用し、ボルトで取り付ける。 ・材料の上面が主軸と直角でない場合、ライナーなどで調整する。
④ もみつけを行う。	・小径ドリルでセンター穴のもみつけを行う。 ・バイスが回されないように、左手でしっかりと押さえる。 ・修正する溝は、ポンチか丸刃タガネで、修正する方向にほる。 ・順次、所定の大きさの径のドリルでもみつけを行う。
⑤ 穴開けを行う。	・手送りは、手に感じる程度の抵抗で行う。 ・ドリル回転中に、切り屑を手で取りはらわないようにする。 ・切り屑が長く伸びた場合、送りを止めて切り屑を除去する。 ・ドリルが貫通する場合、細かく慎重に行う。 　※ドリルが貫通する場合、送りが急に進んでドリルが折損しやすいので注意する。
⑥ かえりを取る。	

機械取り扱い作業（フライス盤）

管理監督者が行う事項

■ 安全機能

工作機械の構造の安全基準に関する技術上の指針（昭和50年10月18日技術上の指針公示第4号）に定める次の事項が配慮された機械の導入に努め、維持管理する。

- 起動用レバー、ハンドル等は、飛込みピン、スプリング等により、自動的に「切」または「入」の状態を保持することができる構造とする。
- 自動送りのかかる軸に設けられた手動送りハンドル、クランクハンドル等は、自動送りがかからない状態でなければ手動送りがかからないようにインターロックされている構造とし、または作業に従事する作業者が当該ハンドル等から手を離せばクラッチが外れてハンドルが空転する構造とする。
- 自動送りのかかるフライス盤にあっては、テーブル、サドル等のそれぞれに、送り停止用リミットスイッチ等を設ける。
- カッターの切削点以外の部分を覆う覆いを設け、またはテーブル全体を覆う覆いを設けることが望ましい。
- カッターの交換を容易に、かつ、安全に行うことができる構造とし、大径カッターを取り付けることができるフライス盤にあっては、つり上げ装置を設けることが望ましい。

■ 安全措置

① フライス盤取り扱い作業者に対し、フライス盤の危険性・取り扱い方法、作業手順などについてあらかじめ教育する。
② 手袋の使用禁止作業を明らかにし、作業者に徹底する。
③ 作業者に使用させる保護メガネなどの保護具を点検し、不適切なものは交換する。
④ 作業服のそでボタンの外れ等の不安全な服装を監視する。
⑤ 保護面、保護メガネなどの保護具を使用させ、正しい使用を監視する。
⑥ 刃物の回転中は、切り屑などを取り除いたりしないようにする。
⑦ 切り屑などを除去する場合、手ぼうき、ブラシ、ウエスなど、専門の用具を使用させ、正しい使用を監視する。
⑧ 切り屑を管理する。

作業者の遵守事項等

① フライス盤の正しい取り扱い、作業手順を守る。
② 手袋の使用禁止作業では手袋を使用しない。
③ 保護具の正しい着用及び治具、工具を正しく使用する。
④ 加工中、ケガキや切削面を見ようとしたりして、刃物に顔や手を近づけたりしないようにする。

⑤ フライス盤にトラブルが発生したら運転を停止する。

⑥ 点検・修理を行う場合、電源を切り、その旨を表示する。

■ フライス盤の使用（例）

〈準備作業〉

手順	ポイント
〈注油・点検〉 ・準備をする。 ・掃除を行う。 ・油を差す。 ・点検を行う。	・ウエス、手ほうき、油差し、指定油などをそろえる。 ・電源スイッチを必ず切る。 ・狭い部分や電源の付近、突出部、先端部、注油穴、オイルカップなどを特にていねいに掃除する。 ・注油部位、油の種類・量、注油頻度などを確認する。 ・注油穴やオイルカップの外部にこぼれた油やグリスはふき取る。 ・機械の周囲に作業の支障になる物がないか、確認する。 ・テーブル、サドル、ニーを手動でひと通り動かしてみる。
〈手送り操作〉 ・注油、点検を行う。 ・所定の位置につく。 ・テーブル送る。 ・サドルを送る。 ・ニーを送る。 ・操作を繰り返す。	・ゆっくりと軽く回し、移動限界を確かめておく。固くなったり、回らなくなったらすぐにやめ、無理には回さない。
〈自動送り操作〉 ・注油、点検を行う。 ・送り速度をセットする。 ・テーブルを送る。 ・サドルを送る。 ・ニーを送る。	・安全ストッパーをセットする。 ※機械に慣れるまでは、移動限界の手前に安全ストッパーをセットしておく。
〈バイスの取り付け〉 ・準備をする。 ・掃除する。	・バイスの底面とテーブル面を掃除する。

4．機械取り扱い作業

手順	ポイント
・バイスの口金をコラム面と平行に取り付ける。 〈刃物の取り付け・取り外し〉 ・アダプターを取り付ける。 ・エンドミルを取り付ける。 ・コレットチャックから取り外す。 ・正面フライスを取り付ける。 ・正面フライスを取り外す。 ・アダプターを取り外す。	※ゴミや油などが付着していると、バイスが正しく取り付けられず、製品精度にも大きく影響する。 ・締めつけボルトは、ボルトの大きさに合ったスパナで確実に締めつける。 ・手やスパナに油が付着しているときは、よくふいてから行う。 ・刃部を持ったままでは手を動かさないようにする。 ・下に落とさないようにする。 ●主軸周辺の各部の名称 引きボルト／締めつけナット／主軸頭／主軸／クイックチェンジアダプタ／コレット／フライス

〈平面切削作業〉

手順	ポイント
・材料を確認する。 ・バイスを取り付ける。 ・芯出しを行う。 ・正面フライスを取り付ける。 ・材料を取り付ける。 ・平面の荒削りを行う。 ・平面を仕上げる。 ・材料を取り外す。 ・後仕末を行う。	・前表「準備作業」参照。 ・前表「準備作業」参照。 ・材料の切削面と正面フライスの位置関係によって切り屑の飛散方向が変わるため、できる限り切り屑がコラム側に出るように材料を取り付ける（下図参照）。 ・機械周辺に切り屑飛散防止用のつい立てを設置する。 ・バイスに堅固に取り付ける。 ・回転中の刃物に手や顔を接近させないようにする。 ・刃物の回転が止まった後、刃物と材料を20センチメートル程度離して材料を取り出す。 ・材料の角のバリや、切削熱に注意する。 ・切り屑は専門の用具で除去する。 ●切り屑の飛散方向

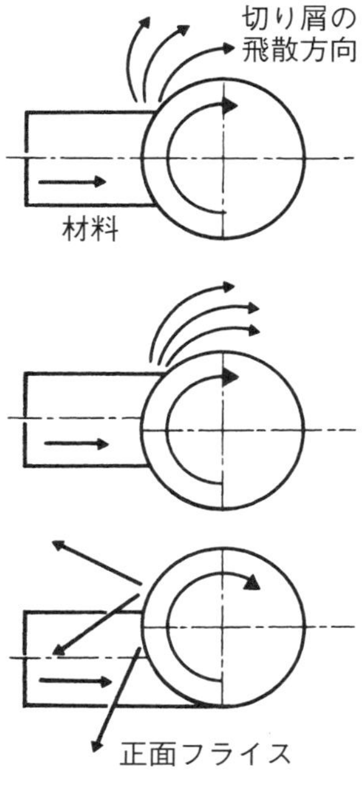

4．機械取り扱い作業

機械取り扱い作業（研削盤）

管理監督者が行う事項

■ 安全機能

研削盤及び研削盤に取り付ける研削といし、覆い等は、研削盤等構造規格（昭和46年3月18日労働省告示第8号）に適合するものを導入し、維持管理する。

■ 安全措置

① 研削といしの取り換えまたは取り換え時の試運転の業務（3分以上）は特別教育を修了した者に行わせる。
② その日の作業を開始する前に1分間以上試運転をさせる。
③ 研削といし取り扱い作業者に対し、研削盤の危険性・取り扱い方法、保護具の取り扱い、作業手順などについてあらかじめ教育する。
④ 研削といしの最高使用周速度を超えて使用させてはならない。
⑤ 側面を使用することを目的とする研削といし以外の研削といしの側面を使用させてはならない。
⑥ 保護メガネ、防じんマスクなどの保護具を使用させ、正しい使用を監視する。
⑦ 局所排気装置・除じん装置の設置を設置し、適正に移動させる。

作業者の遵守事項等

① 研削盤の正しい取り扱い、作業手順を守ること。
② 側面使用以外の研削といしで側面研削を行わない。
③ 作業中、局所排気装置等を稼動させ、異常を認めたら職長等に報告する。
④ 研削といしが使用限度の直径になったら職長等に報告する。

■ 研削盤の使用（例）

〈研削といしの取り付け方法〉

項目・手順	ポイント
・外観検査	・研削といしの外観検査を行う（ひび、損傷、ラベル、湿分、異物、異常の有無など）。
・打音検査	・研削といしの打音検査を行う。 ※木製ハンマーで軽くたたき、澄んだ音は可、濁音は不可。
・外径と回転数	・研削といしの外径と回転数の大きさが適切であるかどうか、確認する。
・フランジの要件	・フランジは、研削といしの外径の3分の1以上の大きさのものを使用す

4．機械取り扱い作業

項目・手順	ポイント
・はめ合わせ ・ボルト締め ・バランス確認 ・安全カバー装着 ・空転テストの実施	る。 ・スピンドルとブッシュは正しくはめ合わす。 ・ボルトは、強く締めすぎないようにする。 ・取り付け後、研削といしのバランスを確認する。 ・安全カバーを確実に装着する。 ・研削といしを取り換えた場合、3分間の空転テストを行う。

〈加工物の取り付け方法〉

項目・手順	ポイント
・停止の確認 ・チャックの整備 ・加工物の点検 ・加工物のセット ・設置状態の点検	・研削といしが完全に停止していることを確認する。 ・チャック上面の清掃と点検を行う。 ・加工物を点検する。 ・加工物をチャック中央に載せる。 ・加工物の取り付け状態を調べる。 ※指先で動かしてみると、ゴミや変形などの有無が分かる。
・チャッキングの確認	・チャッキングの確認を行う。 ※加工物の上部をつかんで動かしてみる。
・加工の準備	・加工の準備を行う。 ※研削といしを徐々に下げ、加工物の上面から約10ミリメートル手前で止める。

〈始動・自動送り操作〉

項目・手順	ポイント
・研削といしの点検 ・障害物の有無 ・レバーのセット ・ドックのセット	・研削といしに損傷がないかどうか、点検する。 ・テーブルやサドルの運転空間に障害物がないかどうか、確認する。 ・レバーを中立の位置にする。 ・ドックをセットする。 ※加工物に応じた位置で適当なストローク長が得られるようにセットする。
・研削といしの始動	・研削といしを始動させる。 ※始動前には、1分間、空転させる。 ※始動時には、研削といしの回転正面を避けて立つ。
・自動送り操作 ・運転の停止 ・停止 ・休止	・テーブルとサドルを自動送りにする。 ・テーブルとサドルの運転を停止する。 ・停止状態にする。 ・休止状態にする。

4．機械取り扱い作業

〈平面研削の方法〉

項目・手順	ポイント
・加工物の確認	・図面と加工物を確認する。
・加工物のセット	・加工物を取り付ける。
・研削といしの操作	・加工物に研削といしを近づける。
・研削といしの回転	・研削といしを回転させる。 ※研削といしと加工物を5ミリメートル離した状態で回転スイッチを入れる。
・テーブルとサドルの運動	・テーブルとサドルを運動させる。 ※サドルを1回、送り終わるごとに、研削といしを微動送りする。
・研削といしの操作	・研削といしを降ろして加工物に当てる。
・粗研削	・平面の粗研削を行う。 ・中研削用ドレッシングを行う。
・中研削	・中研削を行う。 ・仕上げ用ドレッシングを行う。
・仕上げ研削	・仕上げ研削を行う。
・研削といしの停止	・研削といしを停止させる。
・加工物の反転	・加工物を反転して取り付ける。 ※研削といしの回転が完全に停止してから行う。 ※テーブルを右端に寄せ、研削といしから引き離して行う。
・反転面の研削	・反転した側の面の研削を行う。
・研削といしの停止	・研削といしを停止させる。
・加工物取り外し	・加工物を取り外す。 ※取り外す際に、チャック面上を引きずらないようにする。
・研削状態の点検	・加工物の研削状態を点検する。

〈平行面の研削方法〉

項目・手順	ポイント
・加工物の確認	・図面と加工物を確認する。
・ドレッシング	・研削といしをドレッシングする。
・平面の研削	・平面を研削する。
・平面度の確認	・平面度を確認する。
・反対面の研削	・反対側の平面を研削する。
・平面度の確認	・平面度を確認する。
・平行度の測定	・平行度を測定する。
・再研削	・平行度が判定できない場合は、平面度のよい方を基準にして、再研削する。
・修正研削	・必要に応じて修正研削を行う。
・加工物取り外し	・加工物を取り外す。

〈直角面の研削方法〉

項目・手順	ポイント
・加工物の確認 ・研削 ・加工物取り付け	・図面と加工物を確認する。 ・加工物を平行に研削する。 ・加工物を以下の要領で金マスに取り付ける。 　① ナットで加工物を仮締めする。 　② スコアを使い、定盤上で加工物の表面と金マスを平行にする。 　③ 本締めを行う。
・金マス取り付け ・前面の研削 ・金マス付け替え ・側面の研削 ・加工物取り外し ・長さ仕上げ ・直角度の測定	・金マスをチャックに取り付ける。 ・前面を研削する。 ・金マスをチャックに付け替える。 ・側面を研削する。 ・加工物を取り外す。 ・長さを仕上げる。 ・直角度を測定する。

機械取り扱い作業（プレス機械・シャー）

管理監督者が行う事項

■ **安全機能**

① 動力プレス機械は、動力プレス機械構造規格（昭和52年12月26日労働省告示第116号）に適合するものを導入し、維持管理する。
② プレス機械及びシャーの安全装置は、プレス機械又はシャーの安全装置構造規格（昭和53年9月21日労働省告示第102号）に適合するものを導入し、維持管理する。

■ **安全措置**

① プレス機械またはシャーの取り扱い作業に従事する作業者に対し、あらかじめ、機械の正しい取り扱い方法、機械による手指等の挟まれ、加工品の飛来等の危険性、作業手順等について教育を行う。
② 次の業務は、特別教育を修了した者に行わせる
　・動力プレス機械の金型、シャーの刃部の取り付け、取り外しまたは調整の業務
　・動力プレス機械またはシャーの安全装置もしくは安全囲いの取り付け、取り外しまたは調整の業務
③ 動力プレス機械5台以上を有する事業場が作業を行うときは、プレス機械作業主任者技能講習を修了した者のうちからプレス機械作業主任者を選任し、次の事項を行わせる。
　・プレス機械及びその安全装置を点検すること。
　・プレス機械及びその安全装置に異常を認めたときは、直ちに必要な措置をとること。
　・プレス機械及びその安全装置に切り換えキースイッチを設けたときは、当該キーを保管すること。
　・金型の取り付け、取り外し及び調整の作業を直接指揮すること。
④ プレス機械及びシャーの作業は、安全囲いを設ける等当該プレス等を用いて作業を行う作業者の身体の一部が危険限界に入らないような措置を講じる。
⑤ 作業の性質上、①が困難なときは、安全装置（手払い式安全装置を除く）を取り付ける等の措置を講じる。
⑥ 動力プレスの金型の取り付け、取り外しまたは調整の作業を行う場合は、安全ブロック等を使用させる。
⑦ 金型の調整のためスライドを作動させるときは、寸動機構を有するものにあっては寸動により、寸動機構を有するもの以外のものにあっては手回しにより行う。
⑧ プレスまたはシャーのクラッチ、ブレーキその他制御のために必要な部分の機能を常に有効な状態に保持する。
⑨ プレス機械またはシャーを使用するときは、作業を開始する前にクラッチ、ブレーキ、急停止装置、金型などの点検を行い、異常を認めたときは補修等の措置を行う。
⑩ 動力プレス・シャーは1年以内ごとに1回、定期に自主検査を行う（労働安全衛生規則第134条の3など）。

作業者の遵守事項等

① プレス機械・シャーの正しい取り扱い、作業手順を守る。
② 安全装置、安全ブロックは必ず使用する。
③ プレス機械、シャー、安全装置などに異常を認めたら職長等に報告する。

■ プレス機械の使用（例）

〈プレス作業一般〉

項目	ポイント
・取り扱い責任者	・プレス機械ごとに取り扱い責任者を決め、他の者には操作させないようにする。
・スライド調整	・クランク機構のプレスの場合、スライドの調整を慎重に行い、過負荷にならないようにする。
・安全囲いなど	・安全囲いや安全装置を、勝手に取り外したりしないようにする。
・掃除、調整など	・掃除、注油、機械の調整などは、機械を止めてから行う。
・共同作業	・機械の始動時などには、合図を行う。
・ペダル式プレス	・ペダルで作動するプレスでは、空踏みをしないように注意する。 ・1回ごとにペダルから足を離す。
・切り屑の処理	・型や材料についた切り屑やゴミなどを取り除く場合、ブラシなど、専用の用具を使用する。 ・切り屑は1箇所にまとめ、通路などには置かないようにする。
・異常発生時	・プレス機械や安全装置などに異常や不具合が生じた場合、直ちに機械を止める。
・作業中止時	・作業を中止する場合、動力スイッチを切る。
・材料などの運搬	・材料や製品を台車やパレットに積む場合、片荷にならないように注意する。

〈金型の取り付け・調整〉

項目	ポイント
・金型の運搬	・金型を持つ場合、下型ごと持つ。 ・重い金型を持つ場合、無理をせず、クレーンや運搬車を利用する。
・金型の取り付け	・金型は完全に取り付け、上型と下型が正確にかみ合うようにする。
・金型の調整	・上型と下型の間隔を、適正な状態に調整する。 ・金型の調整には、木ハンマー、プラスチックハンマー、銅ハンマーを使用する。
・金型の締めつけ	・金型の締めつけ具やライナーは、所定のものを使用する。 ・スパナはナットに合ったものを使用する。 ・締めつけ具が刃物面より低くなるように締めつける。 ・締めつけ箇所は、上型と下型とで異なる場所になるようにする。 ・締めつけ後、締めつけ具の締まり具合を点検する。

4．機械取り扱い作業

〈注油〉

項目	ポイント
・注油量 ・油の種類 ・注油用具 ・表示、合図 ・高所の注油 ・注油状態の確認	・機械の運転の前に、必ず注油を行う。 ・油が多くなりすぎないように注油する。 ・指定の油以外の油や、汚れた油などを使用しないようにする。 ・注油には、所定の注油用具を使用する。 ・注油時には、所定の表示や合図を行う。 ・高所への注油には、踏み台やはしごなどを使用する。 ・注油後、油のめぐりが完全であるかどうか、確認する。

〈各部の点検〉

項目	ポイント
・2度落ちの点検	・スライドが2度落ちする恐れがないかどうか、点検する。 　※2度落ちの原因には、以下のものがある。 　　① ペダルが軽すぎる 　　② クラックが摩耗している 　　③ ブレーキが緩みすぎている 　　④ ブレーキに油が回っている 　　⑤ フライホイールとシャフトが焼きついた場合
・クラッチの点検	・クラッチのスプリングの強度は適正であるかどうか、点検する。 　※クラッチの作動を軽くするためにスプリングを弱目に調整してしまうことがあるが、鋭敏に働きすぎるクラッチは、2度落ちの原因になる。
・ペダルの点検	・ペダルに緩みがないか、点検する。 ・ペダルカバーが完全であるか、点検する。
・ブレーキの点検	・ブレーキの緩みや締めすぎがないか、点検する。
・安全囲い、安全装置の点検	・安全囲いや安全装置が有効に機能するか、点検する。
・その他の点検	・日常点検表に基づいて点検する。
・定期自主点検	・定期自主点検指針などに基づいて点検する。

〈運転〉

項目	ポイント
・スイッチ入力	・スイッチを入れるときは、周囲を確かめ、共同作業の場合は確実に合図を行う。 ・スイッチは確実に入れるようにする。
・クラッチの確認	・クラッチが外れていることを確認する。

〈加工〉

項目	ポイント
・材料の出し入れ ・帯板の打ち抜き ・コンパウンドダイでの打ち抜き	・作業中はいかなる場合であっても、金型の間に手指を入れないようにする。 ・材料の出し入れには、手工具を使用する。 ・ピンセットの指止めの先から、指を出さないようにする。 ・帯板や長い材料の最後の打ち抜きのとき、手指が危険限界内に入らないようにする。 ・コンパウンドダイでの打ち抜きには、押さえ金具を使用する。 ・型の刃部には、定期的に油を塗る。

〈補修〉

項目	ポイント
・ベルトカバー ・停止中 ・停電時	・スイッチを確実に切り、停止を確認する。 ・フライホイールの回転を急速に止めようとして、手で押さえたりしないようにする。 ・機械、金型、治具などの補修は独断では行わず、作業主任者や責任者に報告する。 ・補修は、スイッチを切り、機械が止まったのを確認してから行う。 ・補修中は、誤ってスイッチを入れることがないようにする。 ・ベルトの安全カバーは、運転後も外さないようにする。 ・停止中、クラッチをかけたままで放置しないようにする。 ・停止中の機械のペダルを踏まないようにする。 ・停電の場合、直ちにスイッチを切る。

光線式安全装置

■ 選定・設置方法

① 光線式安全装置を選定・設置する場合、使用するプレス機械のスライドの停止時間を測定し、適正な安全距離を確保する。
② 光線式センサーの防護高さを確保する。
　※防護高さ＝スライド調整量＋ストローク長さ（ミリメートル）

■ 安全距離の算出法

① 急停止機構を構えるプレス（フリクションクラッチつきプレス、液圧プレスなど）の危険限界から押しボタンまでの安全距離（D）は、次式によって算出する。

$$D = 1.6(Tl + Ts)$$

Tl：押しボタンから手が離れたとき（光線を遮断したとき）から急停止機構が作動を開始するまでの時間

Ts：急停止機構が作動を開始したときから、ス

4．機械取り扱い作業

ライドが停止するまでの時間（単位：ミリセカンド）

② 光線式安全装置の光軸を取り付ける場合、危険限界から取り付け位置までの安全距離（D）は、次式を満たすものにする。

〈Ｃフレーム型プレス〉

$D < a$

a：光軸からスライド前面までの水平距離

〈ストレートサイド型プレス〉

$D < a + 1/6 l_B$

l_B：ボルスターの奥行き

■ 光軸の選定方法

スライドの調節量とストローク長さの合計に応じ、必要な光軸数を満たす（次頁表参照）。

手引き式安全装置

■ 操作手順

① リストバンドを両手に固定し、手首の部分にフックをかける。
② スライドを下降させ、金型間（上型、下型）約20ミリメートル以上の場所で停止させる。
③ 完全に手指が金型から離れていることを確認する。
④ スライドを上死点まで戻す。
⑤ スライドが下降すると、天秤の応用で後ろのワイヤーが引き上げられ、ワイヤーに直結しているナイロンテープが後ろに引っ張られることにより、手が後ろに引かれる。

● 急停止機構を備えるプレスの安全距離（押しボタン）

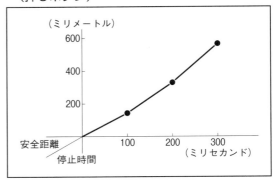

● 光線式安全装置の安全距離と光軸の取り付け位置の関係

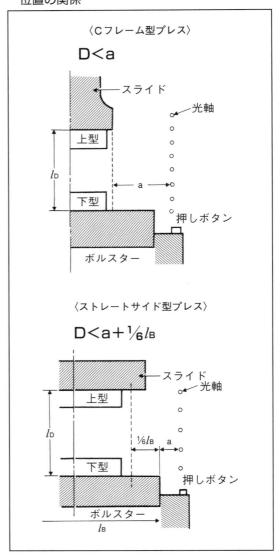

● 必要な光軸の数

スライド調節量＋ストローク長さ （単位ミリメートル）	光軸の数
50以上	2
50を超え 100 〃	3
100 〃 150 〃	4
150 〃 200 〃	5
200 〃 250 〃	6
250 〃 300 〃	7
300 〃 350 〃	8
350 〃 400 〃	9

■ 調整方法

① 各締めつけ部にワイヤーの緩みがないことを確認する。
② 手引きひもの引きしろは、上型と下型の間隔が20ミリメートルの場合に、両手が完全に外に出ているように調整する（次頁図参照）。
③ スライドと引き量の関係（次頁式参照）から、スライドの動きに応じた引き量を求め、調整する。
④ プレス上死点で加工物が型内に入る最少の位置に、ひも調整金具（4つの穴がある部品）で手の位置を決める（次頁図参照）。
※上型と下型の間隔が20ミリメートルになるまでスライドを下げ、両手が型内から完全に除去されていることを確認する。
⑤ スライドが動き始めると同時に手を引き戻す運動が始まるように調整する。
⑥ ワイヤー及びひもは、滑車以外にはこすれないように調整する。
⑦ ワイヤー及びひもは、滑車から外れないように固定する。
⑧ 以下の状態が生じた場合、直ちに作業を中止する。
 ・支柱が倒れたり、天秤支柱が曲がった場合
 ・ワイヤーロープ及びナイロンひもが切れたり、切れかかった場合
 ・手の引き戻し調整が不良である場合
 ・滑車からワイヤー及びひもが外れたり、外れかかった場合
※上記のような状態が生ずると、安全装置が有効に機能しなくなる恐れがある。

● 手引きひもなどの調整方法

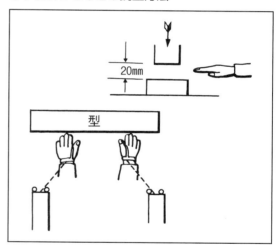

● スライドと引き量との関係

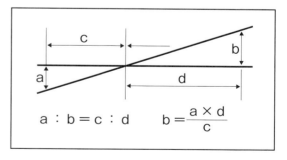

$$a:b=c:d \qquad b=\frac{a \times d}{c}$$

機械取り扱い作業（丸のこ盤）

管理監督者が行う事項

■ 安全機能

木材加工用丸のこ盤、反ぱつ予防装置、歯の接触予防装置は、木材加工用丸のこ盤並びにその反ぱつ予防装置及び歯の接触予防装置の構造規格（昭和47年9月30日労働省告示第86号）に適合したものを導入し、維持管理する。

■ 安全措置

① 丸のこ盤の取り扱い作業に従事する作業者に対し、あらかじめ、機械の正しい取り扱い方法、加工材の節・割れ等の確認の方法、機械による手指等の切れ、加工材の飛来・反発等の危険性、作業手順等について教育を行う。

② 木材加工用機械（丸のこ盤、帯のこ盤、かんな盤、面取り盤及びルーターに限る。携帯用のものを除く）を5台以上（当該機械のうちに自動送材車式帯のこ盤が含まれている場合には、3台以上）有する事業場が作業を行うときは、木材加工用機械作業主任者技能講習を修了した者のうちから木材加工用機械作業主任者を選任し、次の事項を行わせる。
- 作業を直接指揮すること。
- 木材加工用機械及びその安全装置を点検すること。
- 木材加工用機械及びその安全装置に異常を認めたときは、直ちに必要な措置をとること。
- 作業中、治具、工具等の使用状況を監視すること。

③ 木材加工用丸のこ盤（横切用丸のこ盤その他反ぱつにより作業者に危険を及ぼす恐れのないものを除く）には、割刃その他の反ぱつ予防装置を設ける。

④ 木材加工用丸のこ盤（製材用丸のこ盤及び自動送り装置を有する丸のこ盤を除く）には、歯の接触予防装置を設ける。

⑤ 作業者の作業方法を確認し、不安全な行動について指導する。

⑥ 安全装置、非常停止装置等の機能を確認する。

⑦ 接触予防装置、反発予防装置等の安全装置の使用を徹底する。

作業者の遵守事項等

① 教育を受けた作業手順による機械の正しい取り扱いをする。

② 作業開始前に安全装置等の機能の確認をする。

③ 運転の停止を指示された作業については、必ず運転を停止する。

④ 用具等の使用を指示された作業については、必ず当該用具を使用する。

⑤ 機械の異音、安全装置等の異常を認めたら職長等に報告する。

⑥ テーブル上や足元の加工材の破片等を適

宜除去すること。テーブル上の破片等の除去には必ず機械を停止する。

■ 丸のこ盤の使用（例）

〈材理の処理〉

項目	ポイント
・不良材の排除 ・樹皮の処理	・ひび割れや節の多い木材を排除する。 ・簡単にはがれる樹皮は、あらかじめ、取り除く。

〈機械の調整〉

項目	ポイント
・丸のこの装着 ・のこ歯の角度 ・歯口の選択 ・安全装置の調整	・丸のこは、横振れが生じないように、締めつけ具で確実に締めつける。 ・のこ歯の角度が、定規板と直角になるように取り付ける。 ・歯口は、のこ身がぎりぎりいっぱいで納まる大きさのものを使用する。 ・反ぱつ予防装置の割刃は、のこ身との間隔が12ミリメートル以内になるように調整する。 ・接触予防装置（固定式）の覆いの下端の高さが、テーブル面から25ミリメートル以下となるように調整する。 ・その他の事項についても、構造規格に合致していることを確認する。
・押し棒の選択	・作業に適した長さ・形状のものを使用する。 ・折れたり、先端が外れる恐れのない、堅固なものを使用する。

〈加工作業〉

項目	ポイント
・手袋の使用禁止 ・丸のこの回転数	・加工作業中は手袋を使用しないようにする。 ・切断作業では、丸のこは高速度（標準的な周速度は毎秒45メートル程度）で回転させる。 ※回転が遅すぎると、のこ歯が材料にひっかかって停止する恐れがある。
・材料の送り方	・材料を送る場合、のこ歯の正面には立たず、やや側面から行う。 ・節の部分を送る場合、ゆっくりと送る。 ・のこ歯の付近（15センチメートル以内程度）には、手を近づけないようにする。
・材料の押し方	・押し棒や押さえ木などを使用する。 ・押し棒などが使用できない場合、材料の大きさや形状に合った治工具を使用する。 ・樹皮の部分を押さないようにする。

4．機械取り扱い作業

項目	ポイント
・材料の引き方	・押しすぎて押し棒が回転中ののこ歯に接触したりすることのないように注意する。 ・切断しにくい材料をむり押ししないようにする。 ・曲面のある材料は、丸のこで引かないようにする。 ・材料を手で持って引く場合、樹皮の部分を持たないようにする。 ・節の部分を引く場合、ゆっくりと引く。 ※節の部分を引くときの力が強すぎると、節が割れて飛散する恐れがある。 ・のこ歯がきしんだりしてうまく切断できない場合、いったん材料を押し戻し、再度、引き作業にかかる。 ・材料を引いている最中は、材料をねじったり、ひねったりしないようにする。 ・材料の引き終わり時には、押し棒や押さえ木などを使用する。 ・押し棒などが使用できない場合、材料の大きさや形状に合った治工具を使用する。 ・材料の引き終わり時は、ゆっくりと静かに引く。 ・長大な材料を引く場合、先取りをつけるか、補助台などを使用し、浮き上がりを防ぐ。

〈調整作業・異常処理〉

項目	ポイント
・切り屑の除去	・加工中にのこ歯付近の切り屑を取り除く場合、ブラシなどの専用具を使用する。 ※絶対に素手では行わないようにする。
・機械の停止	・以下のような場合、丸のこ盤のスイッチを切り、のこ歯の回転が完全に停止したのを確認してから作業を行う。 　① 丸のこの取り換え時 　② のこ歯詰まり発生時 　③ 定規やせりなどの調整時 　④ 丸のこ盤周辺の清掃時 　⑤ 異常発生時
・材料のはねなど	・切断作業中に材料がはねたり、ブレたりした場合、安易に手を出さないようにする。 ※特段の危険がない場合以外は、すぐに機械を停止させる。
・機械の再起動	・調整作業や異常発生などによって停止した機械を再起動させる場合、周囲の安全を十分に確認する。

機械取り扱い作業(帯のこ盤)

管理監督者が行う事項

■ 安全措置

① 木材加工用帯のこ盤の歯の切断に必要な部分以外の部分及びのこ車には、覆いまたは囲いを設ける。
② 木材加工用帯のこ盤のスパイクつき送りローラーまたはのこ歯形送りローラーには、送り側を除いて、接触予防装置または覆いを設ける。
③ 自動送材車式帯のこ盤の送材車と歯との間に作業者が立ち入ることを禁止し、かつ、その旨を見やすい箇所に表示しなければならない。
④ 作業者の作業方法を確認し、不安全な行動について指導する。
⑤ 安全装置、非常停止装置等の機能を確認する。
⑥ 立ち入り禁止区域表示の管理及び当該場所への作業者の立ち入りを管理すること。
⑦ 木材加工用機械(丸のこ盤、帯のこ盤、かんな盤、面取り盤及びルーターに限る。携帯用のものを除く)を5台以上(当該機械のうちに自動送材車式帯のこ盤が含まれている場合には、3台以上)有する事業場が作業を行うときは、木材加工用機械作業主任者技能講習を修了した者のうちから木材加工用機械作業主任者を選任し、次の事項を行わせる。
 ・作業を直接指揮すること。
 ・木材加工用機械及びその安全装置を点検すること。
 ・木材加工用機械及びその安全装置に異常を認めたときは、直ちに必要な措置をとること。
 ・作業中、治具、工具等の使用状況を監視すること。
⑧ 帯のこ盤の取り扱い作業に従事する作業者に対し、あらかじめ、機械の正しい取り扱い方法、帯のこが外れる現象とその防止方法、機械による手指等の切れ、機械の移動による挟まれ等の危険性、作業手順等について教育を行う。

作業者の遵守事項等

① 教育を受けた作業手順による機械の正しい取り扱いをする。
② 作業開始前に安全装置等の機能の確認をする。
③ 運転の停止を指示された作業については、必ず運転を停止する。
④ 用具等の使用を指示された作業については、必ず当該用具を使用する。
⑤ 立ち入り禁止区域へ立ち入らない。
⑥ 機械の異音、安全装置等の異常を認めたら職長等に報告する。

4．機械取り扱い作業

■ 帯のこ盤の使用（例）

〈始業前の点検〉

項目	ポイント
・帯のこの点検	・帯のこに、ひび割れや変形などがないことを確認する。 ・帯のこの接合部の状態や張りの程度などに異常がないか、確認する。 ・送りローラーの覆いや接触予防装置などに異常がないか、確認する。 ・その他、機械の各部に異常がないか、確認する。
・機械下部の点検 ・危険区域の点検	・帯のこの下端がのこ屑に埋まっていないかどうか、確認する。 ・自動送材車式帯のこ盤の送材車とのこ歯の間の危険区域内に、立ち入り禁止措置が講じられているかどうか、確認する。 ※運転者の身体の一部が機械の運転中に危険区域内に入る恐れのある場合、機械の操作ハンドルの位置を、安全な位置に変更することが必要となる。

〈機械の調整〉

項目	ポイント
・プーリーの調整 ・アームの調整	・帯のこの長さに合わせて、上部のプーリーを調整する。 ・材料の引き幅の大小に応じて、せりアームの上下調整を行う。 ※材料の引き幅が小さい場合、せりアームが上がっていると、のこ歯の覆いが役立たなくなる。
・カスガイの調整	・材料の大きさや形状に応じて、カスガイを出し入れ・調整する。

〈加工作業〉

項目	ポイント
・作業位置	・帯のこの側面に接近したままでは作業を行わないようにする。 ※回転中に帯のこが切れ、覆いの外へ飛びだす危険性がある。
・材料の送り方	・材料の送給や先取りを行う場合、のこ歯から15センチメートル以内には、手を接近させないようにする。 ※先手は、のこ歯越しに手を伸ばしたりしないように、特に注意する。 ・自動ローラー帯のこ盤を使用して材料を送給する場合、送りローラーから15センチメートル以内には、手を接近させないようにする。 ・材料を送給する場合、のこ歯の回転が設定速度に達した後に行う。 ・節のある部分を送給する場合、ゆっくりと行う。
・材料の引き方	・材料を引く作業中は、材料をねじったり、ひねったりしないようにする。 ・節のある部分を引く場合、ゆっくりと行う。 ・材料を引き終わる場合、引く手の力を緩め、最後の部分はゆっくりと切断する。

項目	ポイント
・幅すり	・幅すりを行う場合、押し木や押さえ木などを使用する。 ・押し木などが使用できない場合、専用の治工具を使用する。
・操作ハンドル	・自動送材車式帯のこ盤の操縦ハンドルから手を離す場合、操作ハンドルに必ずストッパーをかける。

■ 調整作業・異常処理

項目	ポイント
・給油	・適時、帯のこに給油して冷却する。 ※帯のこが過熱するのを防ぐ必要がある。
・のこ屑の除去	・運転中にのこ歯付近ののこ屑を取り除く場合、ブラシなどの専門工具を使用する。 ※絶対に素手では行わないようにする。 ・自動ローラー帯のこ盤の運転中にのこ歯付近ののこ屑を除去する場合、送りローラーの回転を停止させてから行う。
・機械の停止	・以下のような場合、帯のこの回転が完全に停止したのを確認した後で作業を行う。 ① 帯のこの取り換え時 ② のこ歯詰まり発生時 ③ せりの調整・給油時 ④ 帯のこ盤周辺ののこ屑の除去時
・異常時の処理	・機械の故障や異常などが発生した場合、直ちに運転を停止する。

●テーブル式帯のこ盤

- のこ車の覆い
- のこ歯の覆い
- せりアーム
- せり
- のこ受け
- のぞき窓

機械取り扱い作業（産業用ロボット）

管理監督者が行う事項

■ 安全措置

① 産業用ロボットの取り扱い作業に従事する作業者に対し、あらかじめ、産業用ロボット等による挟まれ、激突の危険性、産業ロボット等の異常時における電源の遮断、囲い等への立ち入り、異常等の処理方法に関する作業手順等について教育を行う。

② 次の業務は、特別教育を修了した者に行わせる。
- 産業用ロボットの可動範囲内において行う教示等の業務
- 産業用ロボットの可動範囲内において行う検査等の業務

③ 産業用ロボットの可動範囲内において当該産業用ロボットについて教示等の作業を行うときは、当該産業用ロボットの不意の作動による危険または当該産業用ロボットの誤操作による危険を防止するため、次の措置を講じる。ただし、イ及びロの措置については、産業用ロボットの駆動源を遮断して作業を行うときは、この限りでない。
　イ　次の事項について規程を定め、これにより作業を行わせること。
　　(イ)　産業用ロボットの操作の方法及び手順
　　(ロ)　作業中のマニプレータの速度
　　(ハ)　複数の作業者に作業を行わせる場合における合図の方法
　　(ニ)　異常時における措置
　　(ホ)　異常時に産業用ロボットの運転を停止した後、これを再起動させるときの措置
　　(ヘ)　その他産業用ロボットの不意の作動による危険または産業用ロボットの誤操作による危険を防止するために必要な措置
　ロ　作業に従事している作業者または当該作業者を監視する者が異常時に直ちに産業用ロボットの運転を停止することができるようにするための措置を講ずること。
　ハ　作業を行っている間、産業用ロボットの起動スイッチ等に作業中である旨を表示する等作業に従事している作業者以外の者が当該起動スイッチ等を操作することを防止するための措置を講ずること。

④ 産業用ロボットにはサク、または囲い等を設ける。

⑤ 産業用ロボットの可動範囲内において当該産業用ロボットの検査、修理、調整、掃除等を行うときは産業用ロボットの運転を停止する。また、作業を行っている間、起動スイッチに錠をかけ、起動スイッチに作業中である旨を表示する。
　　ただし、産業用ロボットの運転中に作業を行う場合は、異常時の措置等について規程を定めこれにより作業を行う。

⑥ 産業用ロボットの可動範囲内において当該産業用ロボットについて教示等の作業を行うときは、その作業を開始する前にマニプレータの作動の異常の有無等について点検し、補修等を行う。

4．機械取り扱い作業

⑦　作業者の作業方法を確認し、電源を停止しないで産業用ロボットに接近するなどの不安全な行動について指導する。
⑧　囲い等、安全装置の機能を確認する。
⑨　複数作業者による異常処理等の際の電源スイッチの管理を行う。

作業者の遵守事項等

①　産業用ロボットの異常処理等について、教育を受けた作業手順を遵守する。
②　作業開始前に安全装置、囲い等の機能の確認をする。
③　安全装置等の異常を認めたら職長等に報告する。

■ 産業用ロボットの使用（例）

〈設備の設置〉

項目	ポイント
〈機械の選択〉 ・環境条件に適合する性能 ・防爆性能	・産業用ロボットの誤作動を防止するため、設置場所の温度、湿度、粉じん濃度、振動などの環境条件に適合する性能を有する機種を選択する。 ・引火性のある物質の蒸気、可燃性ガス、可燃性粉じんなどが爆発の危険のある濃度に達する恐れのある場所で産業用ロボットを使用する場合、その蒸気、ガス、粉じんの種類に応じた防爆性能を有する機種を選択する。
〈配置・設置〉 ・作業空間	・産業用ロボットに関する作業を安全に行うために必要な作業空間を確保できるように配置する。
・固定型操作盤	・固定型操作盤は、産業用ロボットの可動範囲外であって、かつ、操作者が産業用ロボットの作動を見渡せる位置に設置する。
・計器類	・圧力計、油圧計、その他の計器類は、見やすい箇所に設置する。
・配線、配管	・電気配線及び油・空圧配管は、マニプレータや工具などによる損傷を受ける恐れのないように配置する。
・非常停止装置用スイッチ	・非常の際に非常停止装置を有効に作動させられるようにするため、非常停止装置用スイッチを操作盤以外の箇所に設置する。
・表示ランプ	・非常停止装置や自動停止装置が作動して産業用ロボットが停止した場合に、その旨を示すことができる赤色ランプなどを見やすい位置に設置する。
・ストッパー	・ストッパーを設ける場合は、以下の事項に適合するものを設置する。 　①　機械的ストッパーは、十分な強度を有すること。 　②　電気的ストッパーは、産業用ロボットのプログラムによる制御回路とは独立した作動回路を有すること。
・設置後の確認	・産業用ロボットを設置した場合、産業用ロボットの作動状態、関連機器との連動状況、ストッパーの機能について、異常がないことを確認する。

4．機械取り扱い作業

項目	ポイント
〈表示〉	
・設備上の表示	・産業用ロボットの見やすい箇所に、以下の事項を表示する。 　① 製造者名 　② 製造年月日 　③ 型式 　④ 駆動用原動機の定格出力
・安全上の表示	・産業用ロボットのサクまたは囲いに、以下の安全上の必要事項を表示する。 　① 立ち入り禁止 　② 起動スイッチの取り扱い方法 　③ 異常事態発生時の処理方法 　④ その他、必要事項
〈サク・囲い〉	※以下の事項を満たすように、サクまたは囲いを産業用ロボットの可動範囲の外側に設置する。
・サク、囲いの高さ	・サクまたは囲いの高さは1.8メートル以上とし、かつ、産業用ロボットと接触することのないように設置する。
・サクの間隔	・サクの間隔は10センチメートル以下とし、作業者の身体の一部が産業用ロボットの可動範囲に届かないように、産業用ロボットから1メートル以上離して設置する。
・サクの形式 ・囲いの形式	・サクは、固定式で十分な強度を有するものを設置する。 ・囲いは、固定式で十分な強度を有するものを設置する。 ・囲いは、メッシュ状で腕が入らない大きさのものを設置する。
・サク、囲いの色	・サク、囲いは、蛍光色で塗装する。
・サク、囲いの構造	・サク、囲いは、出入り口以外の場所から作業者が容易に産業用ロボットの可動範囲内に立ち入れない構造にする。
・出入口の措置	・出入口に扉などを設け、かつ、これを開いた場合に非常停止装置が自動的に作動する機構（インターロック機構）を有する安全プラグまたは光線式安全装置を設置する。
・光線式安全装置	・光線式安全装置を設ける場合、以下の事項に適合するものを設置する。 　① 産業用ロボットの可動範囲に作業者が接近したことを検知した場合、非常停止装置を直ちに作動させることができること。 　② 光軸は、作業者が産業用ロボットの可動範囲内に立ち入るのを検知するために必要な数を有すること。 　③ 投光器から照射される光線以外の光線に受光器が感応しないような措置を講ずること。
・出入口の扉	・出入口に扉を設ける場合、サク、囲いの内側に開閉できるように設け、かつ、産業用ロボットと接触しないように設置する。 ※扉を内側に開閉させることができない場合、引き戸を設置することも可能。

4．機械取り扱い作業

〈共通安全作業〉

項目	ポイント
〈作業者〉	
・作業従事者	・産業用ロボット作業（作業者と共同して行う監視の作業を含む）には、特別教育を修了し、かつ、責任者から指名された者が従事する。
・取り扱い機械	・特別教育修了者であっても、責任者から指定された機械以外の機械の作業は行わないようにする。
〈命札の取り付け・取り外し〉	
・スイッチの命札	・作業中に作業者本人以外の者が、起動スイッチ、切り換えスイッチなどを不用意に操作することを防止するため、これらのスイッチには、作業中である旨を示す「作業中、スイッチにさわるな」の命札を取り付ける。
・エアーバルブの命札	・作業中に作業者本人以外の者がエアーバルブを不用意に操作・切り換えを行うことを防止するため、エアーバルブには、作業中である旨を示す「作業中、エアーバルブにさわるな」の命札を取り付ける。
・命札の取り外し	・命札は、作業終了後、その作業者本人が取り外す。
〈作業準備〉	
・保護具の着用	・作業のためにサクまたは囲いの中に入る場合、安全帽や安全靴を着用する。
・非常停止用スイッチの保持	・作業のためにサクまたは囲いの中に入る場合、非常停止用のスイッチを保持してサクや囲い内に入る。
・照度の確保	・作業を安全に行うため、作業服手前に、必要な照度を確保する。 ・産業用ロボットを含む夜間の無人運転を行う場合、巡回時や異常発生時に運転の状態が確認できるようにするため、必要な照度を確保する。
〈教示作業〉	
・作業位置	・教示などの作業は、原則として、産業用ロボットの可動範囲外で行う。 ※やむを得ず産業用ロボットの可動範囲内で作業を行う場合、誤操作、誤作動による危険を防止するため、マニプレータの旋回経路、旋回方向の安全を確保する。
・作業者の数	・教示などの作業は、原則として一人で行う。 ※特別に複数で作業を行う場合は、一人はすぐに非常停止用のスイッチを押せる状態で監視する。
・マニプレータの速度	・教示などの作業を行う場合、作業中のマニプレータの速度を、毎秒300ミリメートル以下に設定する。 ※必要に応じて設定速度を改変する。
〈検査作業〉	
・運転の停止	・検査などの作業は、原則として、産業用ロボットの運転を停止してから行う。

4．機械取り扱い作業

項目	ポイント
	※やむを得ず産業用ロボットの運転中に作業を行う場合は、できる限り産業用ロボットの可動範囲外で行う。
〈自動運転〉 ・起動時の措置	・産業用ロボットを起動させるときは、あらかじめ、以下の事項を確認する。 ① 可動範囲内に人がいないこと。 ② 可搬型操作盤、工具などが所定の位置にあること。 ③ 産業用ロボットまたは関連機器の異常を示すランプなどが点灯していないこと。
・起動時の合図	・産業用ロボットを起動させるときは、あらかじめ、一定の合図を定め、関係作業者に対して合図を行う。
・正常運転の確認	・産業用ロボットの起動後、自動運転中であることを示すランプなどが点灯していることを確認する。
〈異常発生時の措置〉 ・停止措置	・産業用ロボットまたは関連機器に異常が発生し、応急措置などを行うために産業用ロボットの可動範囲内に立ち入る場合は、非常停止装置を作動させることなどによって産業用ロボットを停止させ、かつ、スイッチに命札をつけて作業中であることを表示する。 ※応急処置作業中に、他の作業者が産業用ロボットを操作することを防止する。
〈磁気テープ類の管理〉 ・容器の表示	・産業用ロボットの作動プログラムが記憶されている磁気テープ、フロッピーディスク、穿孔テープなどの容器には、プログラムの内容を表示する。 ※磁気テープなどの誤選択を防止する。
・保管場所の決定	・磁気テープ類は、ほこり、湿度、磁力線などの影響を受けないようにするため、所定の場所を決めて保管する。

〈教示作業〉

手順	ポイント
・担当の決定	・操作パネル担当者、ティーチングコントローラー操作者、打点位置確認担当者を決定する。 ※操作パネル担当者は必ず操作パネルの前に位置し、異常時には直ちに停止できるように監視する。

4．機械取り扱い作業

手順	ポイント
・モード切り換え ・「調整中」点灯 ・調整用ボタンのキーの操作	・産業用ロボットをホールド状態にしてティーチモードに切り換える。 ・「調整中」を示す表示灯を点灯する。 ・ティーチングコントローラー操作者は、調整用の押しボタンを押し、キーを抜く。 ※キーは、ティーチングコントローラー操作者が携帯する。
・扉の開放	・操作パネル担当者の合図によって、ティーチングコントローラー操作者と打点位置確認担当者は扉を開け、サク内に入る。
・ホールドの解除	・操作パネル担当者は、操作パネルの押しボタンで、産業用ロボットのホールド状態を解除する。※扉は開放したままにしておく。
・モード切り換え ・教示作業	・産業用ロボットをランモードに切り換える。 ・ティーチングコントローラー操作者、打点位置確認担当者は、教示作業を行う。 ※教示作業中は、合図を確認したうえで、次の作業を行う。
・教示作業終了時 ・ホールド設定 ・サク内からの退出	・教示作業が終了したら、産業用ロボットを原点まで戻す。 ・産業用ロボットをホールド状態にする。 ・ティーチングコントローラー操作者、打点位置確認担当者は、扉からサク外に出る。
・ホールドの解除	・操作パネル担当者は、前二者がサク外に出たことを確認したうえで、産業用ロボットのホールド状態を解除する。

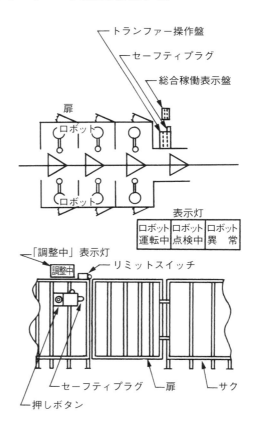

4．機械取り扱い作業

手順	ポイント
・「調整中」消灯 ・「運転中」点灯 ・作動状態の確認 ・打点位置の確認	・「調整中」の表示灯を消灯する。 ・「運転中」の表示灯を点灯する。 ・産業用ロボットを起動させ、作動状態を確認する。 　※起動時には、治具及びワークの状態も確認する。 ・打点位置を確認する。

■ 修理作業

手順	ポイント
・作業指揮者と作業分担の決定	・作業指揮者を決め、指揮者は、各作業者の作業分担を決定する。
・休止化	・インターロック盤を操作し、産業用ロボットを休止状態にする。
・電源 OFF	・産業用ロボットの電源を OFF にする。 　※電源を OFF にできない場合は、非常停止ボタンを押して、産業用ロボットを停止させておく。
・「点検中」点灯	・「点検中」の表示灯を点灯する。
・セーフティープラグの操作	・セーフティープラグを抜き、作業指揮者が携帯する。
・扉の開放	・扉を開けてサク内に入る。 　※扉は開放しておく。
・修理作業	・修理作業を行う。 　※作業指揮者の指揮によって作業を行う。 　※作業中、決められた合図を確実に行う。 　※作業中に異常や不明な点を発見した場合、作業指揮者を通じて責任者の指示を受ける。
・サク内からの退出	・修理作業終了後、作業者は全員、サク外に出て扉を閉じる。
・セーフティープラグの操作	・周囲の安全を確認したうえで、セーフティープラグを入れる。
・電源 ON	・産業用ロボットの電源を ON にする。
・非常停止の解除	・産業用ロボットの非常停止を解除する。
・「運転準備」のスイッチ ON	・産業用ロボットの「運転準備」のスイッチを ON にする。
・ホールドの解除	・産業用ロボットのホールド状態を解除する。
・作動状態の確認	・産業用ロボットを単独で起動させ、作動状態を確認する。 　※再度、サク内に入って調整を行う必要がある場合には、「調整中」の表示灯を点灯し、調整用の押しボタンを押してサク内に入り、調整作業を行う（キーを携帯する）。
・休止の解除	・産業用ロボットの休止を解除し、連動運転を可能にする。

機械取り扱い作業
（食品加工用・食品包装機械）

管理監督者が行う事項

■ 安全機能

① 食品加工用機械または食品包装機械は、食品加工用機械の労働災害防止対策ガイドライン及び食品包装機械の労働災害防止対策ガイドライン（平成7年4月7日基発第220号の2）の構造上の基準に適合したものを導入するように努め、維持管理する。

② ①のガイドラインによる、以下の管理等を行う。
- 機械の洗浄・点検・調整等がしやすい場所への設置
- 電気系統による感電の防止
- 加熱系統のおける圧力の過度の上昇による爆発の防止
- 高所での作業場所への昇降設備、手すり等による墜落の防止
- 清掃時等における運転の停止等、挟まれ巻き込まれの防止
- 刃部による切れの防止

③ 食品加工用切断機または食品加工用切削機の刃の切断または切削に必要な部分以外には、覆い、囲い等を設ける。

④ 食品加工用粉砕機または食品加工用混合機の開口部には、原則として、ふた、囲い、高さが90センチメートル以上のサク等を設ける。設けることが作業の性質上困難な場合は安全帯等を使用させる。

⑤ 食品加工用ロール機には、原則として、覆い、囲い等を設ける。

⑥ 食品加工用成形機または食品加工用圧縮機には、原則として、覆い、囲い等を設ける。

■ 安全措置

① 食品加工用機械または食品包装機械の取り扱い作業に従事する作業者に対し、あらかじめ、機械の正しい取り扱い方法、機械による挟まれ、巻き込まれ、切れ等による危険性等について教育を行う。

② 作業者の作業方法を確認し、不安全な行動について指導する。

③ 原材料等の送給・取り出しの際の機械の運転の停止、用具の使用等を確認する。

④ 安全装置、ふた、囲い等の機能を確認する。

作業者の遵守事項等

① 教育を受けた作業手順による機械の正しい取り扱いをする。

② 作業開始前に安全装置等の機能の確認をする。

③ 運転の停止を指示された作業については、必ず運転を停止する。

④ 用具等の使用を指示された作業については、必ず当該用具を使用する。

⑤ 安全装置等の異常を認めたら職長等に報告する。

有害な化学物質の製造・取り扱い作業（共通）

有害性情報の把握

化学物質による労働災害は化学物質の危険有害性、適切な取り扱い方法を知らなかったことを原因とするものが多いことから、化学物質の製造・取り扱いをする場合はこれらを把握する。

労働安全衛生法第57条は、有害な化学物質等を容器に入れ、または包装して譲渡・提供する者は、容器等に名称、成分、人体に及ぼす作用、取り扱う作業者に注意を喚起するための標章等を表示しなければならないとしている。

また、同法第57条の2は、有害な化学物質等を譲渡・提供する者は、名称、成分及びその含有量、人体に及ぼす作用等を記載した文書を相手方に交付しなければならないとしている。

他に、GHS（化学品の分類及び表示に関する世界調和システム）、SDS（安全データシート）などからも化学物質の有害性情報を得ることができる。

製造の禁止及び製造の許可

労働安全衛生法第55条は、ベンジジン、石綿など作業者に重度の健康障害を生ずるものを、試験研究の場合を除き、製造・輸入・譲渡・提供・使用を禁止している。

同法第56条は、塩素化ビフェニル、ベリリウムなど作業者に重度の健康障害を生ずる恐れのあるものを製造しようとする者は、あらかじめ厚生労働大臣の許可を受けなければならないとしている。

有害な化学物質の製造・取り扱いに当たっての基本的事項

■ 有害性の無い・有害性の低い物質への変更

有害な化学物質を製造・取り扱いすることは、作業者の健康障害を防止するために、局所排気装置等の工学的対策、保護具の使用、作業環境測定、特殊健康診断の実施などの対策が不可欠となる。有害性情報の把握によって明らかになった化学物質は、有害性のない物質または有害性の低い物質への変更は大切なことであり、この検討は有意義なことである。

■ ばく露防止措置

有害な化学物質の製造・取り扱いをすることとなったときは、作業者がこれらの物質に暴露することを防止する措置を取らなければならない。

ばく露防止措置の第一番目に検討することは、製造・取り扱い設備の密閉化、遠隔操作化等である。これらの措置ができない場合に

5．有害な化学物質の製造・取り扱い作業

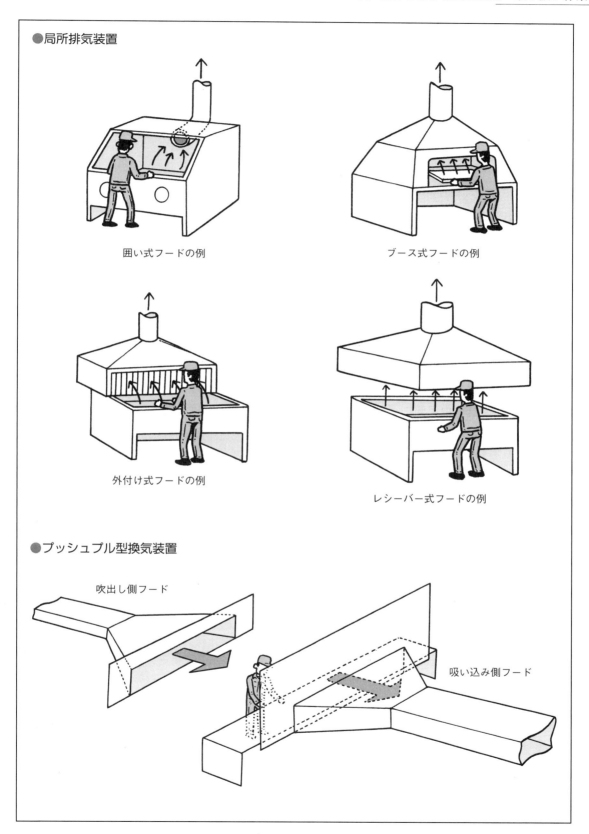

●局所排気装置

囲い式フードの例

ブース式フードの例

外付け式フードの例

レシーバー式フードの例

●プッシュプル型換気装置

吹出し側フード

吸い込み側フード

5．有害な化学物質の製造・取り扱い作業

は局所排気装置、プッシュプル型換気装置等によるばく露の防止を行う。防毒マスク等の保護具は使用目的に適したものを選定し、保守点検を適切に行うことによって有効なものであるが、密閉等の措置、局所排気装置等の工学的対策を優先し、これらの措置を講ずることが困難な場合またはこれらの措置の補完的措置として保護具の使用を行う。

なお、局所排気装置は、発散源ごとに設け、ダクトは長さができるだけ短く、ベントの数ができるだけ少なく、かつ、掃除や点検の行いやすい構造とすることが必要である。プッシュプル型換気装置は、厚生労働大臣が定める要件を満たすものとする。

■ 安全衛生教育

有害な化学物質の製造・取り扱い作業に作業者を従事させるときは、労働安全衛生法第59条第1項により次の教育を行わなければならない。

 イ 原材料等の有害性及びこれらの取り扱い方法に関すること。
 ロ 有害物抑制装置または保護具の性能及びこれらの取り扱い方法に関すること。
 ハ 作業手順に関すること。
 ニ 当該業務に関して発生する恐れのある疾病の原因及び予防に関すること。
 ヘ 整理・整頓及び清潔の保持に関すること。
 ト 事故時等における応急措置及び退避に関すること。

■ 作業環境測定

作業場における有害な化学物質の濃度を測定し、環境状態を把握するために作業環境測定を行う。労働安全衛生法第65条は、有機溶剤などの化学物質を製造・取り扱う屋内作業場について作業環境測定を義務付けている。

作業環境測定は作業環境測定基準に従って行い、結果の評価は作業環境評価基準に従って行う。評価は3区分に区分し、第3管理区分に区分された場合は第1管理区分または第2管理区分になるよう必要な措置を行わなければならない。第2管理区分に区分された場

管理区分	講ずべき措置
第3管理区分	①　直ちに、施設、設備、作業工程または作業方法の点検を行い、その結果に基づき、施設または設備の設置または整備、作業工程または作業方法の改善その他作業環境を改善するため必要な措置を講じ、当該場所の管理区分が第1管理区分または第2管理区分となるようにしなければならない。 ②　①による措置を講じたときは、その効果を確認するため、当該場所について作業環境測定を行い及びその結果の評価を行わなければならない。 ③　①の場所については、作業者に有効な呼吸用保護具を使用させる他、健康診断の実施その他作業者の健康の保持を図るため必要な措置を講ずるとともに、作業環境評価の記録、①の措置等を、常時各作業場の見やすい場所に掲示し、または備え付けることなどにより作業者に周知しなければならない。
第2管理区分	①　施設、設備、作業工程または作業方法の点検を行い、その結果に基づき、施設または設備の設置または整備、作業工程または作業方法の改善その他作業環境を改善するため必要な措置を講ずるよう努めなければならない。 ②　①の場所については、作業環境評価の記録、①の措置等を、常時各作業場の見やすい場所に掲示し、または備え付けることなどにより作業者に周知しなければならない。

合は第1管理区分になるよう必要な措置を行うよう努めなければならない。

■ 特殊健康診断

健康診断は、作業者の健康状況を把握し、疾病の早期発見、作業者が就業している作業に引き続き就業することの可否、保健指導の必要性などを判断するために行うもので、労働安全衛生法第66条第2項は、有機溶剤などの化学物質を製造・取り扱う業務に従事する作業者に特殊健康診断を行うことを義務付けている。

特殊健康診断は対象者全員に行わなければならない。また、作業者は会社が行う健康診断を受けなければならない。会社が行う健康診断を受けることを希望しない場合は他の機関で行った結果を証明する書面を提出しなければならない。

健康診断の結果、健康診断項目に異常の所見がある作業者について、当該作業者の健康を保持するために必要な措置について医師等の意見を聞かなければならない。

有害な化学物質の製造・取り扱い作業（有機溶剤）

管理監督者が行う事項

■ 設備・換気装置の性能等

① 密閉装置、局所排気装置、プッシュプル型換気装置、全体換気装置は、有機溶剤業務の種類に応じて有機溶剤中毒予防規則（以下、有機則）第2章「設備」に適合する設備を設置する。

② 局所排気装置のフード及びダクトは、以下の基準に適合するように設置する（有機則第14条）。
- 有機溶剤の蒸気の発散源ごとに設けること
- 外付け式フードは、できる限り発散源に近い位置に設けること
- 有機溶剤の蒸気を吸収するのに適した型式や大きさであること
- ダクトは、長さができるだけ短く、ベントの数ができるだけ少ないものとする。

●図1　排気口の設置方法

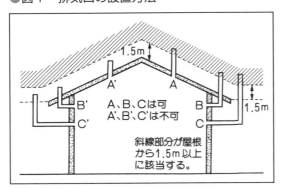

③ 空気清浄装置が設けられた局所排気装置の排風機は、清浄後の空気が通る位置に設置する（同第15条）。

④ 全体換気装置の送風機や排風機は、できる限り有機溶剤の蒸気の発散源に近い位置に設置する（同第15条）。

⑤ 局所排気装置、プッシュプル型換気装置、全体換気装置などの排気口は、直接、外気に向かって開放する。

空気清浄装置を設けていない局所排気装置などの排気口は、屋根から1.5メートル以上の高さになるように設ける（図1参照）（同第15条の2）。

⑥ 局所排気装置は、型式に応じ、所定の制御風速を出し得る能力のものを設置する（表1参照）（同第16条）。

●表1　局所排気装置の性能基準

型式		制御風速（メートル／秒）
囲い式フード		0.4
外付け式フード	側方吸引型	0.5
	下方吸引型	0.5
	上方吸引型	1.0

備考
1. この表における制御風速は、局所排気装置のすべてのフードを開放した場合の制御風速をいう。
2. この表における制御風速は、フードの型式に応じて、それぞれ次に掲げる風速をいう。
　イ．囲い式フードにあっては、フードの開口面における最小風速
　ロ．外付け式フードにあっては、当該フードにより有機溶剤の蒸気を吸引しようとする範囲内における当該フードの開口面からも最も離れた作業位置の風速

●表2　全体換気装置の性能基準

消費する 有機溶剤等の区分	1分間当たりの換気量
第1種有機溶剤等	Q＝0.3W
第2種有機溶剤等	Q＝0.04W
第3種有機溶剤等	Q＝0.01W

この表において、Q及びWは、それぞれ次の数値を表すものとする。
　Q：1分間当たりの換気量
　　　　　　　　　　　　（単位：立方メートル）
　W：作業時間1時間に消費する有機溶剤等の量
　　　　　　　　　　　　（単位：グラム）

⑦　プッシュプル型換気装置は、厚生労働大臣が定める構造及び性能を有するものを設置する（同第16条の2）。

⑧　全体換気装置は、消費する有機溶剤類の区分に応じて所定の数式から算出した換気量を出し得る能力のものを設置する（表2参照）（同第17条）。

⑨　換気装置は有機溶剤業務を行う間、必要な性能が確保できる状態で稼動する（同第18条）。

■ 管理

①　一定の有機溶剤作業については有機溶剤作業主任者を選任し、次の職務を行わせる。（同第19条・19条の2）
- 作業者が有機溶剤によって汚染されたり、有機溶剤を吸入したりしないように、作業方法を決定し、作業者を指揮する。
- 局所排気装置、プッシュプル型換気装置、全体換気装置について、1ヵ月を超えない期間ごとに点検する。
- 保護具の使用状況を監視する。
- タンク内作業が行われる場合、有機則第26条の措置を講じる（⑦参照）。

②　1年以内ごとに1回、定期に、換気装置の自主検査を行ない、検査記録を3年間保存する（同第20条・20条の2・21条）。

③　換気装置をはじめて使用するときなどに一定の事項を点検する（同第22条）。

④　自主検査などで異常を認めたときは、直ちに補修する（同第23条）。

⑤　屋内作業場などでは、以下の事項を見やすい場所に掲示する（同第24条）。
- 有機溶剤が人体に及ぼす作用
- 有機溶剤等の取り扱い上の注意事項
- 有機溶剤による中毒が発生したときの応急処置

⑥　屋内作業場などでは、有機溶剤等の区分に応じた以下の色で、有機溶剤等の区分を表示する（同第25条）。
- 第1種有機溶剤等　赤
- 第2種有機溶剤等　黄
- 第3種有機溶剤等　青

⑦　タンク内作業では、以下の措置を講じる（同第26条）。
- 有機溶剤等の流入の恐れのない開口部の開放
- 有機溶剤等による身体汚染時及び作業後の身体の洗浄
- 事故発生時における退避用設備・器具の整備

⑧　有機溶剤等を入れたことのあるタンクは、作業開始前に、以下の措置を講じる（同第26条）。
- 有機溶剤類をタンクから排出し、タンクに接続するすべての配管から有機溶剤類がタンク内部へ流入しないようにする。
- 水や水蒸気などを用いてタンクの内壁を洗浄し、洗浄に用いた水や水蒸気などをタンクから排出する。
- タンクの容積の3倍以上の量の空気を送気または排気するか、タンクに水を満たした後にその水をタンクから排出する。

⑨　タンク内作業で事故が起こり、有機溶剤

5. 有害な化学物質の製造・取り扱い作業

による中毒が発生する恐れがある場合、直ちに作業者を退避させる（同第27条）。

■ 測定

① 一定の有機溶剤業務を行う屋内作業場について、6ヵ月以内ごとに1回、定期に有機溶剤濃度を測定し、一定の事項を記録し、3年間保存する（同第28条）。
② 測定結果を評価し、第3管理区分に区分された場所について改善措置を講ずる（同第28条の3）。
③ 第2管理区分に区分された場所について改善措置に努める（同第28条の4）。

■ 健康診断

① 一定の有期溶剤業務に常時従事する作業者に、雇入れの際、当該業務への配置替えの際、その後6ヵ月以内ごとに1回、定期に特殊健康診断を行う（同第29条）。
② 有機溶剤等健康診断個人票を作成し、5年間保存する（同第30条）。
③ 異常の所見があると診断された作業者について医師から意見聴取する（同第30条の2）。
④ 健康診断の結果を作業者に通知する（同第30条の2の2）。
⑤ 健康診断の結果を所轄労働基準監督署長に提出する（同第30条の3）。

■ 保護具

① 有機溶剤を入れたことのあるタンク内作業などでは、送気マスクを使用させる（同第32条）。
② 特例により、局所排気装置を設けないで行う屋内作業など、所定の作業では、送気マスクや有機ガス用防毒マスクを使用させる（同第33条）。
③ 作業場には、同時に就業する作業者の人数と同数以上の保護具を備え、常時、有効かつ清潔に保持する（同第33条の2）。
④ 吸収缶の取り換え時期の管理を徹底する。

■ 貯蔵・容器の処理

① 有機溶剤を屋内に貯蔵する場合、施錠による区画を行うなど、所定の方法で貯蔵する（同第35条）。
② 空容器を処理する場合、密閉するか、屋外に集積する（同第36条）。

作業者の遵守事項等

① 局所排気装置、プッシュプル型換気装置等の運転を停止しない。また、これらに異音、激しい振動等が生じているときは職長等に告げる。
② 与えられた保護具・保護衣類は正しく着用する。呼吸用保護具の吸入口以外の箇所から外部の空気が流入している恐れがあるときは職長等に告げる。
③ 作業場所に掲示されている「取り扱い上の注意事項」等を遵守する。

有害な化学物質の製造・取り扱い作業(鉛)

管理監督者が行う事項

■ 設備・換気装置の構造、性能等

① 密閉装置、局所排気装置、プッシュプル型換気装置等は、鉛業務の種類に応じて鉛中毒予防規則(以下、鉛則)第2章「設備」に適合する設備を設置する。

② 局所排気装置や排気筒のフードは、鉛などの蒸気や粉じんの発散源ごとに、適切な形式のものを設置する(鉛則第24条)。

③ 局所排気装置のダクトは、長さができるだけ短く、ベントの数ができるだけ少ないものとする。また、適当な箇所に掃除口を設けるなど掃除しやすい構造のものとする(同第25条)。

④ 局所排気装置、プッシュプル型換気装置などには、有効な性能を持つ除じん装置を設置する(同第26条)。

⑤ 局所排気装置のファンは、除じん後の空気が通る位置に設置する(同第28条)。

⑥ 全体換気装置のファンは、鉛の蒸気や粉じんの発散源に、できる限り近い位置に設置する(同第28条)。

⑦ 局所排気装置、プッシュプル型換気装置、排気筒などは、有効な性能を持つものを使用する(同第30条・30条の2・31条)。

⑧ 局所排気装置等の排気口は屋外に設ける(同第29条)。

⑨ 作業中は、換気装置や排気筒を稼働させる(同第32条)。

■ 管理

① 一定の鉛業務については、鉛作業主任者を選任し、次の職務を行わせる(同第33条・34条)。

- 作業者の身体ができるだけ鉛や焼結鉱などによって汚染されないように、作業者を指揮する。
- 作業者の身体が鉛や焼結鉱などによって著しく汚染されたことを発見した場合、すみやかに汚染を除去させる。
- 局所排気装置、全体換気装置、排気筒、除じん装置の点検を、毎週1回以上行う。
- 保護具などの使用状況を監視する。
- 鉛装置内での作業が行われる場合、接続箇所の遮断や十分な換気、粉じんの発散防止など、必要な措置が講じられていることを確認する。

② 1年以内ごとに1回、定期に、換気装置、除じん装置の自主検査を実施を行い、記録を3年間保存する(同第35条・36条)。

③ 換気装置等をはじめて使用するときなどに一定の事項を点検する(同第37条)。

④ 自主検査などで異常を認めたときは、直ちに補修する(同第38条)。

⑤ 粉状の鉛や焼結鉱などをホッパーへ入れる作業では、ホッパー下方での作業を行わないようにする(同第39条)。

⑥ 含鉛塗料のかき落とし作業では、湿式にして、かき落とした含鉛塗料をすみやかに除去する(同第40条)。

⑦ 鉛化合物のかき出し作業では、ホッパー等をかき出し口に接近させ、長い柄の用具

5．有害な化学物質の製造・取り扱い作業

を用いらせる（同第41条）。

⑧　鉛装置内の作業では、接続箇所の遮断や十分な換気、粉じんの発散防止など、必要な措置を講じる（同第42条）。

⑨　粉状の鉛などを屋内に貯蔵する場合、安全な容器に収納し、こぼれたときは真空掃除機か水洗によって掃除する（同第43条）。

⑩　空容器などに対しては、容器の口を閉じ、水で十分に湿らせるなど、粉じんの発散防止措置を講じる（同第44条）。

⑪　入口に足部に付着した鉛を除去する設備、衣服用ブラシ等の設置をした休憩室を作業場以外の場所に設置する（同第45条）。

⑫　鉛作業用の作業衣や呼吸用保護具の保管設備を設置する（同第46条）。

⑬　一定の鉛業務については洗身設備を設置する（同第47条）。

⑭　屋内作業場、休憩室、食堂の床などを、毎日1回以上、真空掃除機か水洗によって掃除する（同第48条）。

⑮　手洗い用溶液、つめブラシ、石けん、うがい液などを備えつける（同第49条）。

⑯　作業服の洗濯設備を設ける（同第50条）。

⑰　屋内作業場には、喫煙禁止や飲食禁止の旨の表示を行う（同第51条）。

■ 測定

①　一定の鉛業務を行う屋内作業場について、1年以内ごとに1回、定期に、空気中における鉛の濃度を測定し、一定の事項を記録し、3年間保存する（同第52条）。

②　第3管理区分に区分された場所について改善措置を講ずる（同第52条の3）。

③　第2管理区分に区分された場所について改善措置に努める（同第52条の4）。

■ 健康管理

①　一定の鉛業務に常時従事する作業者に、雇入れの際、当該業務への配置替えの際、その後6ヵ月（一定の者は1年）以内ごとに1回、定期に特殊健康診断を行う（同第53条）。

②　鉛健康診断個人表を作成し、5年間保存する（同第54条）。

③　異常の所見を診断された作業者について医師から意見聴取する（同第54条の2）。

④　健康診断の結果を作業者に通知する（同第54条の3）。

⑤　健康診断の結果を所轄労働基準監督署長に提出する（同第55条）。

⑥　腹部の疝痛などを訴える作業者に医師による診断を受けさせる（同第56条）。

⑦　鉛中毒にかかっている者等を鉛業務に従事させない（同第57条）。

■ 保護具等

鉛装置の内部における業務を行う作業者に呼吸用保護具及び保護衣類を使用させるなど、鉛則第7章による保護具等を使用させる。

作業者の遵守事項等

①　局所排気装置、プッシュプル型換気装置、除じん装置等の運転を停止しない。また、これらに異音、激しい振動等が生じているときは職長等に告げる。

②　与えられた呼吸用保護具、労働衛生保護衣類は正しく着用する。呼吸用保護具の吸入口以外の箇所から外部の空気が流入している恐れがあるときは職長等に告げる。

③　鉛業務に従事した後、休憩室に入る前に作業服等に付着した鉛等を除去する。

④　業務の終了後、手洗い、うがい等をする。

⑤　業務を行う作業場で喫煙、飲食しない。

⑥　腹部の疝痛、四肢の伸筋麻痺等のあるときは職長等に報告する。

有害な化学物質の製造・取り扱い作業（特定化学物質）

管理監督者が行う事項

■ 製造等に係る措置

① 密閉装置、局所排気装置、プッシュプル型換気装置は、特定化学物質障害予防規則（以下、特化則）第2章「製造等に係る措置」に適合する設備を設置する。
② 局所排気装置、プッシュプル型換気装置、除じん装置、排ガス処理装置等は作業を行う間、必要な性能が確保できる状態で運転する（特化則第8条）。

■ 用後処理

① 製造設備の排気筒や局所排気装置等には、粉じんの粒径に応じた除じん装置を設置する（表1参照）（同第9条）。
② 製造設備の排気筒や局所排気装置等には、対象物に応じた排ガス処理装置を設置する（表2参照）（同第10条）。
③ 有害物を含有する排液を排出する場合、対象物に応じた排液処理装置を設置する（表3参照）（同第11条）。
④ アルキル水銀化合物を含有する残さい物は除毒した後に廃棄する（同第12条）。
⑤ 特定化学物質により汚染されたボロなどは、ふたをした不浸透性の容器等に納めておく（同第12条の2）。

■ 漏えいの防止

① 特定化学設備には、次の措置を講じる。
 ❶ 特定化学物質が接触する部分の腐食防止措置（同第13条）。
 ❷ ふた板、フランジ、バルブ、コック等接合部の漏えい防止措置（同第14条）。

●表1　除じん方式

粉じんの粒径 （単位：マイクロメートル）	除じん方式
5未満	ろ過除じん方式 電気除じん方式
5以上20未満	スクラバによる除じん方式 ろ過除じん方式 電気除じん方式
20以上	マルチサイクロン（処理風量が毎分20立法メートル以内ごとに1つのサイクロンを設けたものをいう）による除じん方式 スクラバによる除じん方式 ろ過除じん方式 電気除じん方式

備考
　この表における粉じんの粒径は、重量法で測定した粒径分布において最大頻度を示す粒径をいう。

●表2　排ガス処理方式

物	処理方式
アクロレイン	吸収方式 直接燃焼方式
弗化水素	吸収方式 吸着方式
硫化水素	吸収方式 酸化・還元方式
硫酸ジメチル	吸収方式 直接燃焼方式

5．有害な化学物質の製造・取り扱い作業

●表3　排液処理方式

物質	処理方式
アルキル水銀化合物（アルキル基がメチル基またはエチル基である物に限る。以下同じ）	酸化・還元方式
塩酸	中和方式
硝酸	中和方式
シアン化カリウム	酸化・還元方式 活性汚泥方式
シアン化ナトリウム	酸化・還元方式 活性汚泥方式
ペンタクロルフェノール（PCP）及びそのナトリウム塩	凝集沈殿方式
硫酸	中和方式
硫化ナトリウム	酸化・還元方式

❸　バルブ、コック、スイッチなどの開閉方向の表示や区分（同第15条）。
❹　バルブ、コックの材質や設置上の措置（同第16条）。
❺　送給原材料の表示（同第17条）。
❻　2箇所以上の出入口の設置（同第18条）。
❼　管理特定化学設備への計測装置の設置（同第18条の2）。
❽　警報設備などの設置（同第19条）。
❾　管理特定化学設備への緊急遮断装置の設置（同第19条の2）。
❿　管理特定化学設備などの予備動力源の設置（同第19条の3）。
② 特定化学設備またはその附属設備を使用する作業を行うときは、第3類物質等の漏えいを防止するための作業規程を定め、これにより作業を行わせる（同第20条）。
③ 第1類物質を取り扱う作業場等の床は、不浸透性の材料とする（同第21条）。
④ 設備の改善等の作業についての措置を行う（同第22条・第22条の2）。
⑤ 第3類物質等が漏えいした場合の退避等の措置を行う（同第23条）。
⑥ 第1類物質等の製造・取り扱い作業場、特定化学設備を設置する作業場等への立ち入り禁止とその表示を行う（同第24条）。
⑦ 特定化学物質の運搬用器等の措置を行う（同第25条）。
⑧ 第3類物質等の漏えいに備えた救護組織を確立する（同第26条）。
⑨ 第1類物質等を常時製造、取り扱う作業に、作業場以外の場所に一定の要件を備えた休憩室を設置する（同第37条）。
⑩ 第1類物質等を製造、取り扱う作業を行うときは、洗眼、洗身等設備を設置する（同第38条）。
⑪ 第1類物質等を製造、取り扱う作業場での喫煙、飲食を禁止し、掲示を行う（同第38条の2）。
⑫ 特別管理物質を製造、取り扱う作業場に一定の事項を掲示する（同第38条の3）。
⑬ 特別管理物質を製造・取り扱う作業に常時従事する作業者について、一定の事項を記録し、30年間保存する（同第38条の4）。

■ 特殊な作業等の管理

塩素化ビフェニル等を取り扱う作業など一定の作業についての管理を行う（同第5章の2）。

■ 健康診断

① 一定の特定化学物質の製造、取り扱いに常時従事する作業者に、雇入れの際、当該業務に配置替えの際、その後一定の期間ごとに特殊健康診断を行う（同第39条）。
② 一定の特定化学物質の製造、取り扱いに常時従事させたことのある作業者で、現に使用している者に、一定の期間ごとに1回、定期に健康診断を行う（同第39条）。
③ 特定化学物質健康診断個人表を作成し、5年間保存する（同第40条）。
④ 異常の所見があると診断された作業者に

ついて医師から意見聴取する（同第40条の2）。
⑤ 健康診断の結果を作業者に通知する（同第40条の3）。
⑥ 健康診断の結果を所轄労働基準監督署長に提出する（同第41条）。
⑦ 漏えいした特定化学物質に汚染等した作業者に緊急診断を行う（同第42条）。

■ 保護具

① 特定化学物質を製造、取り扱う作業場には、呼吸用保護具を備える（同第43条）。
② 特定化学物質による皮膚障害や皮膚から吸収されることによる障害が起こる恐れのある場合、不浸透性の保護衣、保護手袋、保護長靴、塗布剤を備える（同第44条）。
③ 保護具は、同時に就業する作業者の人数と同数以上を備え、常時、有効かつ清潔に保持する（同第45条）。

■ 管理

① 特定化学物質を製造または取り扱う作業については、特定化学物質作業主任者を選任し、次の職務を行わせる（同第27条・28条）。
- 作業者が特定化学物質に汚染されたり、特定化学物質を吸収しないように、作業の方法を決定し、指揮する。
- 局所排気装置、除じん装置、排ガス処理装置、排液処理装置その他作業者が健康障害を受けることを予防するための装置を、1ヵ月を超えない期間ごとに点検する。
- 保護具の使用状況を監視する。

② 1年以内ごとに1回、定期に、局所排気装置、プッシュプル型換気装置、除じん装置等の自主検査を行い、検査記録を3年間保存する（同第30条・32条）。

③ 2年以内ごとに1回、定期に特定化学設備の自主検査を行い、検査記録を3年間保存する（同第31条・32条）。
④ 換気装置・特定化学設備等をはじめて使用するときなどに一定の事項を点検する（同第33条・34条）。
⑤ 自主検査などで異常を認めたときは、直ちに補修する（同第35条）。
⑥ 一定の特定化学物質を製造し、取り扱う屋内作業場等について、6ヵ月以内ごとに1回、定期に、第1類物質等の空気中における濃度を測定し、一定の事項を記録し、3年間保存する（同第36条）。
⑦ 1年以内ごとに1回、定期に、換気装置の自主検査を行ない、検査記録を3年間保存する（同第36条の3）。
⑧ 換気装置をはじめて使用するときなどに一定の事項を点検する（同第36条の4）。

作業者の遵守事項等

① 局所排気装置、プッシュプル型換気装置、除じん装置等の運転を停止しない。また、これらに異音、激しい振動等が生じているときは職長等に告げる。
② 与えられた呼吸用保護具、労働衛生保護衣類は正しく着用する。呼吸用保護具の吸入口以外の箇所から外部の空気が流入している恐れがあるときは職長等に告げる。
③ 避難階に設ける出入口に荷などを置かない。
④ 特定化学物質に係る作業に従事した後、休憩室に入る前に作業服、作業帽等に付着した物を除去する。
⑤ 特定化学物質製造・取り扱いを行う作業場所で喫煙、飲食をしない。

6. 有害作業

粉じん作業

粉じん作業

じん肺の予防措置を講ずる必要のある作業として27の粉じん作業が定められている（粉じん障害防止規則（以下、粉じん則）別表第1）。そのうち、製造業において行われると思われるものは約16ある。

「特定粉じん発生源」は、粉じん作業に係る粉じん発生源のうち、作業工程、作業の態様、粉じん発生の態様等からみて一定の発生源対策を講ずる必要があり、かつ、有効な発生源対策が可能であるものであり、具体的には屋外または構内において固定した機械または設備を使用して行う粉じん作業に係る発生源が原則として列挙されたものである。

■ 健康管理

じん肺法に基づく健康診断を実施する。

1．じん肺管理区分（じん肺法第4条）

じん肺管理区分		じん肺健康診断の結果
管理1		じん肺の所見がないと認められるもの
管理2		エックス線写真の像が第1型[※]で、じん肺による著しい肺機能の障害がないと認められるもの ※じん肺のエックス線写真の像により第1型から第4型に区分される（じん肺法第4条）。
管理3	イ	エックス線写真の像が第2型でじん肺による著しい肺機能の障害がないと認められるもの
	ロ	エックス線写真の像が第3型または第4型（大陰影の大きさが一側の肺野の3分の1以下のものに限る。）で、じん肺による著しい肺機能の障害がないと認められるもの
管理4		(1) エックス線写真の像が第4型（大陰影の大きさが一側の肺野の3分の1を超えるものに限る。）と認められるもの (2) エックス線写真の像が第1型、第2型、第3型または第4型（大陰影の大きさが一側の肺野の3分の1以下のものに限る。）で、じん肺による著しい肺機能の障害があると認められるもの

2．じん肺健康診断

(1) 就業時健康診断

新たに常時粉じん作業に従事することになった作業者に対して、その就業の際、じん肺健康診断を行う。当該作業に従事することとなった日前1年以内にじん肺健康診断を受けて、じん肺管理区分が管理2または管理3イと決定された作業者等を除く。

(2) 定期健康診断

粉じん作業	じん肺管理区分	期間
常時粉じん作業に従事	管理1	3年以内ごとに1回
	同2、3	1年以内ごとに1回
常時粉じん作業に従事したことがあり、現に非粉じん作業に従事	同2	3年以内ごとに1回
	同3	1年以内ごとに1回

(3) 離職時健康診断（作業者が求めたとき）

粉じん作業	じん肺管理区分	直前のじん肺健康診断から離職までの期間
常時粉じん作業に従事	管理1	1年6ヵ月以上
	同2、3	6ヵ月以上
常時粉じん作業に従事したことがあり、現に非粉じん作業に従事	同2、3	6ヵ月以上
	同3	1年以内ごとに1回

(4) じん肺管理区分に基づく健康管理措置

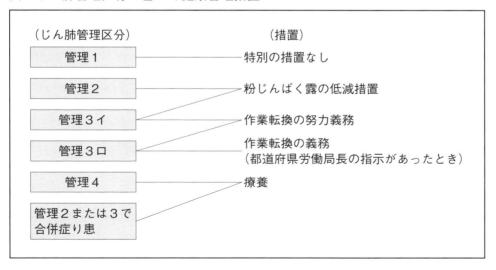

6．有害作業

粉じん作業

管理監督者が行う事項

■ 設備等の基準

① 特定粉じん発散源を密閉する設備や局所排気装置などを設置する（粉じん則第4条）。
② 特定粉じん作業以外の屋内作業場について、全体換気装置などにより粉じんを減少させる（同第5条）。
③ 一定の換気装置に除じん装置を設置する（同第10条・13条）。

■ 設備の性能等

① 局所排気装置、プッシュプル型換気装置のフード、ダクトを一定の要件に適合させる（同第11条）。
② 局所排気装置、除じん装置等は粉じん作業行う間、必要な性能が確保できる状態で稼動する（同第12条・14条）。

■ 管理

① 1年以内ごとに1回、定期に、局所排気装置や除じん装置などの自主検査を実施し、一定の事項を記録し、3年間保存する（同第17条・18条）。
② 局所排気装置や除じん装置などをはじめて使用する場合及び分解して改造・修理を行った場合、点検を実施し、一定の事項を記録し、3年間保存する（同第19条・20条）。
③ 自主検査や点検によって異常を認めた場合、直ちに補修する（同第21条）。
④ 常時特定粉じん作業を行う作業者に特別教育を行う（同第22条）。
⑤ 作業場以外の場所に休憩設備を設置し、マットや衣服用ブラシなどを備えつける（第23条）。
⑥ 粉じんを発散する場所に関係者以外の立ち入りを禁止し、その旨を見やすい箇所に表示する。
⑦ 毎日1回以上、粉じん作業を行う屋内作業場の清掃を行う（同第24条）。

●粉じん作業及び特定粉じん発生源に係る措置（粉じん障害防止規則第4条抜粋）

粉じん作業	特定粉じん発生源	発生源対策
研ま剤の吹き付けにより研まし、または研ま材を用いて動力により、岩石、鉱物もしくは金属を研まし、もしくははり取りし、もしくは金属を裁断する場所における作業（別表第1第6、7号）	屋内の、岩石または鉱物を動力（手持式または可搬式動力工具によるものを除く。）により裁断し、彫り、または仕上げをする箇所	局所排気装置の設置、プッシュプル型換気装置の設置、湿潤な状態に保つための設備の設置のいずれかの措置
	屋内の、研ま材の吹き付けにより、研まし、または岩石もしくは鉱物を彫る箇所	密閉する設備の設置、局所排気装置の設置のいずれかの措置
砂型を用いて鋳物を製造する工程において、砂型をこわし、砂落としし、砂を再生し、砂を混錬し、または鋳ばり等を削り取る場所における作業（別表第1第15号）	屋内の、型ばらし装置を用いて砂型をこわし、もしくは砂落としし、または動力（手持式動力工具によるものを除く。）により砂を再生し、砂を混錬し、もしくは鋳ばり等を削り取る箇所	密閉する設備の設置、局所排気装置の設置のいずれかの措置
	同（砂を再生する箇所を除く。）	密閉する設備の設置、局所排気装置の設置、プッシュプル型換気装置の設置のいずれかの措置

⑧ 1ヵ月以内ごとに1回、たい積粉じんを除去するため、粉じん作業を行う屋内作業場や休憩設備の床などの清掃を行う(同第24条)。

■ 作業環境測定

① 常時特定粉じん作業を行う屋内作業場について、6ヵ月以内ごとに1回、定期に、空気中の粉じんの濃度を測定し、一定の事項を記録し、7年間保存する(同第26条)。
② 測定結果を評価し、第3管理区分に区分された場所について改善措置を講ずる(同第26条の3)。
③ 第2管理区分に区分された場所について改善措置に努める(同第26条の4)。

■ 爆発・火災防止装置

① 可燃性の粉じんが存在する場合、火花やアークを発したり、高温になって点火源となる恐れのある機械などを使用しないようにする。
② 可燃性の粉じんが存在する場合、火気を使用しないようにする。
③ 可燃性の粉じんや爆発性の粉じんが存在する場所で電気機械器具を使用する場合、防爆構造の電気機械器具を使用する。

■ 保護具の使用

① 粉じんを発散する場所での作業には、保護衣、呼吸用保護具、保護メガネなどの保護具を備える。
② 一定の作業について、呼吸用保護具を使用させる(同第27条)。
※ガーゼマスクは不可。

作業者の遵守事項等

① 与えられた呼吸用保護具を正しく使用する。吸入口以外の箇所から外部の空気が流入している恐れがあるときは職長等に告げる。
② 局所排気装置、除じん装置等の運転を停止しない。また、これらに異音、激しい振動等が生じているときは職長等に告げる。
③ 粉じん作業に従事した後、休憩室に入る前に作業服、作業帽等に付着した粉じんを除去する。

騒音作業

騒音作業

強烈な騒音を発する屋内作業場（等価騒音レベル90デシベル以上）及び等価騒音レベル85デシベル以上になる可能性が大きい作業場では「騒音障害防止のためのガイドライン」（平成4年10月1日基発第546号）に基づいた対策を実施する。

■ 労働安全衛生規則第588条に定める著しい騒音を発する屋内作業場

1　鋲打ち機、はつり機、鋳物の型込機等圧縮空気により駆動される機械または器具を取り扱う業務を行なう屋内作業場
2　ロール機、圧延機等による金属の圧延、伸線、ひずみ取りまたは板曲げの業務（液体プレスによるひずみ取り及び板曲げ並びにダイスによる線引きの業務を除く）を行なう屋内作業場
3　動力により駆動されるハンマーを用いる金属の鍛造または成型の業務を行なう屋内作業場
4　タンブラーによる金属製品の研ままたは砂落しの業務を行なう屋内作業場
5　動力によりチェーン等を用いてドラムかんを洗浄する業務を行なう屋内作業場
6　ドラムバーカーにより、木材を削皮する業務を行なう屋内作業場
7　チッパーによりチップする業務を行なう屋内作業場
8　多筒抄紙機により紙を抄く業務を行なう屋内作業場

■ 騒音障害防止のためのガイドライン別表第2に掲げる騒音作業（製造業関連のみ、要約抜粋）

- インパクトレンチ、電動ドライバー等によるボルト等の締め付け等
- ショットブラストによる金属の研ま
- 携帯用研削盤、チッピングハンマー等による金属の研削等
- 動力プレスによる鋼板の曲げ等
- シャーによる鋼板の連続的切断
- 動力による鋼線の切断、くぎ、ボルト等の連続的な製造
- 金属を溶解し鋳鉄製品、合金製品等の成型
- 高圧酸素ガスによる鋼材の溶断
- 鋼材等のロール搬送等
- 乾燥したガラス原料を振動フィーダーで搬送
- 鋼管をスキッド上で検査
- 動力巻取機による鋼板、線材の巻取り
- ハンマーによる金属の打撃・成型
- 圧縮空気による溶融金属の吹き付け
- ガスバーナーによる金属表面のキズ取り
- 丸のこ盤による金属の切断
- 内燃機関の製造等における内燃機関の試運転
- 動力駆動の回転砥石によるのこ歯の目立て
- 衝撃式造形機による砂型の造形
- コンクリートパネル等製造工程におけるテーブルバイブレータによる締め固め
- 振動式型ばらし機による砂型からの鋳物の取出し

- 動力によるガスケット剝離
- びん、ブリキかん等の製造、充てん、洗浄等
- 射出成型機によるプラスチックの押出し等
- プラスチック原料等の動力による混合
- みそ製造工程における動力機械による大豆の選別
- ロール機によるゴム練り
- ゴムホース製造工程におけるホース内の内紙の編上機による編み上げ
- 織機によるガラス繊維等原糸の織布
- ダブルツインスター等高速回転機械によるねん糸等の製造
- カップ成型機による紙カップ成型
- モノタイプ等による活字の鋳造
- コルゲータマシンによるダンボール製造
- 動力による原紙、ダンボール紙等の連続的な折り曲げ等
- 高速輪転機による印刷の業務
- 高圧水による鋼管の検査
- 高圧リムーバによるICパッケージのバリ取り
- 圧縮空気の吹き付けによる物の選別、はく離等
- 乾燥設備の使用
- 電気炉、ボイラー等の運転
- 多数の機械の集中使用による製造、加工等

管理監督者が行う事項

① 騒音レベルを把握するため、作業環境測定を行う。
② 作業環境測定の結果、第3管理区分に区分された場所については当該場所を明示し、保護具使用の掲示をする。第2管理区分の場所についても、これに準じて行う。
③ 騒音が機械設備の整備不良に原因があると考えられるときは、整備する。
④ 騒音対策の点検を行う。
⑤ 防音保護具の使用状況を確認する。
⑥ 休憩を設けるなど、騒音ばく露時間を短くする。
⑦ 騒音作業に常時従事する作業者に対し、雇入れの際、当該業務への配置替えの際及び6ヵ月以内ごとに1回、定期に、既往歴の調査、業務歴の調査、自覚症状及び他覚症状の有無の検査、オージオメータによる聴力の検査等の健康診断を行い、その結果を記録する。

作業者の遵守事項等

① 防音保護具を正しく着用する。
② 騒音が変化するなど、騒音対策に異常を認めたら職長等に報告する。
③ 休憩時間には騒音作業から離れた場所で休憩する。

酸素欠乏等危険作業

酸素欠乏危険場所

■ 第1種酸素欠乏危険作業

第1種酸素欠乏危険作業とは、次の酸素欠乏危険場所における作業をいう。

① 次の地層に接し、または通ずる井戸等の内部
　イ　上層に不透水層がある砂れき層のうち含水もしくは湧水がなく、または少ない部分
　ロ　第一鉄塩類または第一マンガン塩類を含有している地層
　ハ　メタン、エタンまたはブタンを含有する地層
　ニ　炭酸水を湧出しており、または湧出する恐れのある地層
　ホ　腐泥層

② 長期間使用されていない井戸等の内部

③ ケーブル、ガス管その他地下に敷設される物を収容するための暗きょ、マンホールまたはピットの内部

④ 雨水、河川の流水または湧水が滞留しており、または滞留したことのある槽、暗きょ、マンホールまたはピットの内部

⑤ 相当期間密閉されていた鋼製のボイラー、タンク、反応塔、船倉その他その内壁が酸化されやすい施設（その内壁がステンレス鋼製のものまたはその内壁の酸化を防止するために必要な措置が講ぜられているものを除く）の内部

⑥ 石炭、亜炭、硫化鉱、鋼材、くず鉄、原木、チップ、乾性油、魚油その他空気中の酸素を吸収する物質を入れてあるタンク、船倉、ホッパーその他の貯蔵施設の内部

⑦ 天井、床もしくは周壁または格納物が乾性油を含むペイントで塗装され、そのペイントが乾燥する前に密閉された地下室、倉庫、タンク、船倉その他通風が不十分な施設の内部

⑧ 穀物もしくは飼料の貯蔵、果菜の熟成、種子の発芽又はきのこ類の栽培のために使用しているサイロ、むろ、倉庫、船倉またはピットの内部

⑨ しょうゆ、酒類、もろみ、酵母その他発酵する物を入れてあり、または入れたことのあるタンク、むろまたは醸造槽の内部

⑩ ドライアイスを使用して冷蔵、冷凍または水セメントのあく抜きを行っている冷蔵庫、冷凍庫、保冷貨車、保冷貨物自動車、船倉または冷凍コンテナーの内部

⑪ ヘリウム、アルゴン、窒素、フロン、炭酸ガスその他不活性の気体を入れてあり、または入れたことのあるボイラー、タンク、反応塔、船倉その他の施設の内部

■ 第2種酸素欠乏危険作業

第2種酸素欠乏危険作業とは、次の酸素欠乏危険場所における作業をいう。

① 海水が滞留しており、もしくは滞留したことのある熱交換器、管、暗きょ、マンホール、溝もしくはピット（以下この号において「熱交換器等」という）または海水を相当期間入れてあり、もしくは入れたことの

ある熱交換器等の内部
② し尿、腐泥、汚水、パルプ液その他腐敗し、または分解しやすい物質を入れてあり、または入れたことのあるタンク、船倉、槽、管、暗きょ、マンホール、溝またはピットの内部

管理監督者が行う事項

■ 環境測定・換気

① 作業開始前に、空気中の酸素及び硫化水素の濃度を測定し、一定の事項を記録し、3年間保存する(酸素欠乏症等防止規則(以下、酸欠則)第3条)。
② 測定器具は整備しておく（同第4条）。
③ 酸素欠乏危険作業を行うときは、酸素濃度を18％以上に、硫化水素濃度を100万分の10以下に保つよう換気する（同第5条）。
④ 換気が困難な場合、空気呼吸器等を備え、作業者に使用させる（同第5条の2）。

■ 設備に関する措置

① 酸素欠乏危険場所やその隣接場所には、立ち入り禁止の表示を行う（同第9条）。
② 酸素欠乏危険作業を行う作業場には、空気呼吸器等、はしご、繊維ロープなどの避難用具等を備えつける（同第15条）。
③ 酸素欠乏危険場所に備える炭酸ガス消火器などには、転倒防止措置や誤作動防止措置を講じる（同第19条）。
④ 冷蔵室、冷凍室など、密閉して使用する施設・設備内で作業を行う場合、表示を行い、出入口の扉やふたが締まって内部に閉じ込められることのないような措置を講じる（扉やふたが内部から容易に開くことができる構造のものであるか、内部に通報措置や警報装置などを設けている場合を除く）（同第20条）。
⑤ ボイラー、タンク、反応塔などの内部でアルゴン、炭酸ガス等を使用して溶接作業を行うときは、酸素濃度を18％以上に保つことなど一定の措置をする（同第21条）。
⑥ ボイラー、タンク、反応塔などの内部で不活性気体を送給する配管がある場所では、バルブやコックを閉止するか、閉止板を施す（同第22条）。
※閉止したバルブやコック、閉止板には施錠をし、開放禁止の旨の表示を行う。
※バルブやコックを操作するためのスイッチや押しボタンなどには、不活性気体の名称と開閉方法を表示する。
⑦ 不活性気体が流入・滞留する恐れのある場所には、滞留防止措置を講じる（同第22条の2）。
⑧ 内部の空気を吸引する配管に通ずるタンク等の内部における作業の間、出入口のふたなどが締まらない措置をする(同第23条)。
⑨ 地下室やピットには、酸素欠乏空気が流入することを防止する措置を講じる（同第25条）。

■ 空気呼吸器・安全帯等の使用

① 空気呼吸器などの保護具の使用方法を教育する。
② 酸素欠乏症などによって転落する恐れのある場合、安全帯や命綱などを使用させる（同第6条）。
③ 空気呼吸器や安全帯などの保護具を作業開始前に点検し、異常があれば補修・取り換えを行う（同第7条）。

■ 人員点検・連絡など

① 作業場の入退場時に、人員を点検する(同

6．有害作業

② 酸素欠乏危険作業場と、近接する作業場との間で連絡を取り合う（同第10条）。
③ 作業中、監視人などを配置する（同第13条）。

■ 設備の改善などの作業

硫化水素中毒の恐れのある設備の改造・修理などを行う場所、以下の措置を講じる（同第25条の2）。
① 作業方法・順序の決定と作業者への周知
② 指揮者による作業の指揮
③ 硫化水素の排出とバルブ、コックの閉止・開放防止措置
④ 硫化水素の濃度測定と中毒防止措置

■ 作業主任者の職務

第1種酸素欠乏作業主任者または第2種酸素欠乏作業主任者に、次の業務を行わせる（同第11条）。
① 作業者が酸素欠乏空気や硫化水素を吸入しないように、作業の方法を決定し、作業者を指揮する。
② 作業開始前、作業再開前及び作業者の身体や換気装置などに異常があった場合、酸素濃度や硫化水素濃度を測定する。
③ 測定器具、換気装置、空気呼吸器などを点検する。
④ 空気呼吸器などの使用状況を監視する。

■ 特別の教育

酸素欠乏危険場所における作業にかかる業務に従事する作業者に、酸素欠乏の発生の原因、空気呼吸器等の使用の方法、事故の場合の退避及び救急そ生の方法等について特別の教育を行う（同第12条）。

■ 救急時などの措置

① 酸素欠乏等の恐れが生じたときは、直ちに作業を中止し、作業者を退避させる（同第14条）。
② 酸素欠乏症や硫化水素中毒にかかった作業者を救出する場合、救出作業に従事する作業者に空気呼吸器などを使用させる（同第16条）。
③ 酸素欠乏症や硫化水素中毒にかかった作業者に、直ちに医師の診察や処置を受けさせる（同第17条）。

作業者の遵守事項等

① 支給された空気呼吸器、安全帯などの保護具を正しく着用する。
② 身体の異常があったときは直ちにその状況を作業主任者等に伝える。
③ 換気装置等に異常を認めたときは作業主任者等に伝える。

資料1　化学設備の非定常作業における安全衛生対策のためのガイドライン
（平成20年2月28日基発第0228001号　別添）

1　目的

本ガイドラインは、労働安全衛生関係法令と相まって、化学設備（労働安全衛生法施行令（昭和47年政令第318号）第9条の3第1号に規定する化学設備、同条第2号に規定する特定化学設備のほか、化学物質を製造し、又は取り扱う設備全般をいう。以下同じ。）の非定常作業（日常的に反復・継続して行われることが少ない作業をいう。）における安全衛生対策として必要な措置を講ずることにより、化学設備の非定常作業における労働災害の防止を図ることを目的とする。

2　対象とする非定常作業

本ガイドラインの対象とする非定常作業は、次の作業とする。

(1)　保全的作業

不定期に又は長い周期で定期的に行われる改造、修理、清掃、検査等の作業

(2)　トラブル対処作業

異常、不調、故障等の運転上のトラブルに対処する作業

(3)　移行作業

原料、製品等の変更作業又はスタートアップ、シャットダウン等の移行作業

(4)　試行作業

試運転、試作等結果の予測しにくい作業

3　事業者等の責務

化学設備の非定常作業を行う事業者、注文者、元方事業者、関係請負人等は、それぞれ労働安全衛生関係法令を遵守するほか、本ガイドラインに基づき適切な措置を講ずることにより、化学設備の非定常作業における労働災害の防止に努めるものとする。

4　危険性又は有害性等の調査

「危険性又は有害性等の調査等に関する指針」（平成18年指針公示第1号）、「化学物質等による危険性又は有害性等の調査等に関する指針」（平成18年指針公示第2号）及び「機械の包括的な安全基準に関する指針」（平成19年7月31日付け基発第0731001号）の第3に基づき、化学設備の非定常作業について危険性又は有害性等の調査を実施すること。

また、危険性又は有害性等の調査を実施する際には、次の危険性又は有害性及びこれに対応する措置を考慮すること。

設備の管理権原を有する注文者は、注文する仕事に関する危険性又は有害性等の調査を実施するとともに、請負人（元方事業者及び関係請負人を含む。）が行う危険性又は有害性等の調査に必要な情報提供、指導及び援助を行うこと。

(1)　爆発、火災及び破裂

ア　引火性液体又は可燃性ガスの除去、漏えい防止、遮断及び換気措置

イ　引火性液体又は可燃性ガスの漏えい時の検知及び対応措置

ウ　電気機械器具、工具等の防爆構造化、

溶接、溶断等による火花の飛散防止措置及び静電気の除去措置
エ 異種の物が接触することにより発火等のおそれのある物の接触防止措置
オ 設備の内部圧力又は温度の異常上昇防止措置

(2) 高温物等との接触
ア 高温物等の除去、漏えい防止及び遮断措置
イ マンホール、バルブ、フランジ等を開放した際の内容物の流出防止措置
ウ 高温部分への接触防止措置
エ 液状物質の凝固による配管、ノズル等の内部の閉そく防止措置
オ 保護具の適切な使用

(3) 有害物等との接触
ア 有害物等の除去、漏えい防止、遮断及び換気措置
イ 酸素及び硫化水素その他予測される有害ガスの濃度の測定
ウ 溶断、研磨等により発生する有害物のばく露防止措置
エ 有害物等の漏えい等の異常時における対応措置
オ 送気マスクへの空気供給源の誤操作による酸素欠乏症又はガス中毒の防止措置
カ 保護具の適切な使用

(4) はさまれ、巻き込まれ
ア 回転機器等の電源の施錠等による誤作動の防止措置
イ 可動部分への手指等の接触防止措置
ウ 回転機器等に対する緊急停止スイッチの設置
エ 組立、解体作業の安全を確保するための固定治具、吊り具等の使用

(5) 墜落、転落
ア 昇降設備、作業床、手すり等の設置
イ 不安定な作業姿勢を避ける措置
ウ 移動足場、架台等の安定性を確保するための措置
エ 危険箇所への立入禁止措置
オ 親綱又は墜落防止ネットの取付け設備の設置
カ 安全帯の着用及び適切な使用

5　安全衛生管理体制の確立

(1) 非定常作業実施者の体制

　　非定常作業の実施に当たっては、労働安全衛生関係法令に定めるほか、非定常作業の種類、リスク等に応じ、あらかじめ作業の総括責任者、部門責任者、作業指揮者、立会者等を定め、その責任範囲及び業務分担を明確にするとともに、作業が複数の部門にわたる場合には、連絡会議を設置する等連絡調整の徹底を図ること。

　　また、元方事業者は、その業種に応じて、「元方事業者による建設現場安全管理指針」（平成7年4月21日付け基発第267号の2）又は「製造業における元方事業者による総合的な安全衛生管理のための指針」（平成18年8月1日付け基発第0801010号）（以下これらを「元方指針」という。）に基づき、必要な事項を実施すること。

　　ア　総括責任者
　　　　作業全般を統括するとともに、連絡会議を開催し、作業方法、工程等を決定する。
　　イ　部門責任者
　　　　部門の責任者として当該部門の作業

を統括する。
　ウ　作業指揮者
　　　部門責任者の指示に従い、作業を指揮するとともに、毎日、作業の開始前及び終了時に作業の実施計画及び実施結果の報告を行う。
　エ　立会者
　　　火気作業、入槽作業、高所作業等の危険有害性の高い作業について作業の開始時及び終了時に立ち会い、必要な指示及び確認を行う。
　オ　連絡会議
　　　総括責任者、部門責任者、作業指揮者等が参加し、作業計画の検討立案、作業進捗状況等の連絡及び調整を行う。元方事業者は、元方指針に基づき関係請負人との協議を行う場を設置し、運営すること。

(2)　注文者の留意事項
　　注文者は、労働者の危険及び健康障害を防止するための措置を講じる能力のある事業者、必要な安全衛生管理体制を確保することができる事業者等労働災害を防止するための事業者責任を遂行することができる事業者に仕事を請け負わせること。
　　また、仕事の期日等について安全で衛生的な作業の遂行を損なうおそれのある条件を付さないように配慮する必要があること（労働安全衛生法（昭和47年法律第57号。以下「法」という。）第3条第3項）。
　　化学設備の改造等の作業における設備の分解又は設備の内部への立入りを請負人に行わせる場合には、作業が開始される前に、当該設備で製造し、取り扱う物の危険性及び有害性、注意すべき安全衛生に関する事項、当該作業について講じた安全又は衛生を確保するための措置、事故が発生した場合の対応等の事項を記載した文書等を作成し、当該請負人に交付する必要があること（法第31条の2）。
　　以上の事項は、仕事の一部を注文し自らもその仕事を行う事業者、仕事の全部を注文し自らはその仕事を行わない事業者、元方事業者及び注文者である関係請負人が実施するものであること。
　　なお、仕事の全部を注文し自らは仕事を行わない発注者（注文者のうち、仕事を他の者から請け負わないで注文している者をいう。）にあっては、一つの場所（製造施設作業場の全域、事業場の全域等）において行われる仕事を二以上の請負人に請け負わせている場合において、当該場所において当該仕事に係る二以上の請負人の労働者が作業を行うときは、請負人で当該仕事を自ら行う事業者であるもののうちから元方事業者の義務を負うものを指名する必要があること（法第30条第2項及び第30条の2第2項）。
　　さらに、当該発注者は、元方事業者による元方指針に基づく措置が履行されるよう必要な指導及び援助を行うこと。

6　作業計画書の作成
　非定常作業の実施に当たっては、危険性又は有害性等の調査の結果等を踏まえ、次の事項等を記載した作業計画書を作成し、総括責任者（請負人にあっては、設備の管理権原を有する注文者）の承認を得ること。
　また、作業計画の変更の必要が生じた場合には、その都度改めて承認を得ること。
　なお、作業計画書は、予期されない作業を除き、あらかじめ作成しておくとともに、設備、作業方法等を新規に採用し、又は変更し

た場合等で危険性又は有害性等の調査を実施した場合のほか必要に応じ見直しを行うこと。

設備の管理権原を有する注文者は、請負人が行う作業計画書の作成に必要な情報提供、指導及び援助を行うこと。

(1) 作業日程
(2) 指揮・命令系統
(3) 作業目的及び作業手順
(4) 各部門（請負人を含む。）の業務分担及び責任範囲
(5) 危険性又は有害性等の調査及びその結果に基づく必要な措置の内容
(6) 保護具の種類
(7) 作業許可を要する事項
(8) 注意事項及び禁止事項

7　作業の実施

非定常作業は、次の事項に留意して実施すること。

(1) 実施に当たっての基本方針
　ア　指揮・命令系統の明確化
　イ　作業手順の明確化
　ウ　業務分担及び責任範囲の明確化
　エ　連絡及び合図の方法の周知徹底
　オ　注意事項及び禁止事項の周知徹底

(2) 一般的留意事項
　ア　作業内容を作業前のツールボックスミーティング、危険予知等により、作業に関わる者全員に周知徹底するとともに、あらかじめ作業の段取りを整える等、できるだけ事前準備を周到にしておくこと。
　イ　作業の実施は、あらかじめ当該作業に係る必要な教育を受けた者が行う必要があること（法第59条）。
　ウ　電源等の動力源を確実に遮断するとともに、施錠、札掛け等誤操作を防止する措置を講ずる必要があること（労働安全衛生規則（昭和47年労働省令第32号。以下「安衛則」という。）第107条）。
　エ　作業の種類に応じ、呼吸用保護具、保護手袋、保護衣、保護めがね等の保護具を準備する必要があること（安衛則第593条から第598条まで等）。
　オ　単独で実施することができる作業を限定するとともに、各個人の判断による単独作業を実施させないこと。
　カ　単独作業を実施させる場合は、必要に応じ、作業者との間で随時連絡がとれるように通信機器等を携帯させること。

(3) 火気使用作業に関する留意事項
　ア　作業開始時及び当該作業中、随時、作業箇所の引火性の物の蒸気又は可燃性ガスの濃度を測定すること（安衛則第275条の2）。
　イ　作業場所へは、容器内部の可燃性ガス等の完全排気等爆発又は火災の危険が生ずるおそれがない措置が講じられている場合を除き、火気又は点火源となるおそれのある機械等を一切持ち込まないこと（安衛則第279条から第283条まで）。
　ウ　作業場所には、消火器等を配置するとともに、避難方法をあらかじめ定め、かつ、これを関係労働者に周知すること。
　エ　作業場所においては、必要に応じて不燃性シート等を用いて養生を行うこと。

(4) 入槽作業に関する留意事項

　ア　作業を行う設備から危険物、有害物等を確実に排出し、かつ、作業箇所に危険物、有害物等が漏えいしないように、バルブ若しくはコックを二重に閉止し、又はバルブ若しくはコックを閉止するとともに閉止板等を施す必要があること。また、バルブ、コック、閉止板等は施錠し、又は開放してはならない旨を表示する必要があること（安衛則第275条及び特定化学物質障害予防規則（昭和47年労働省令第39号。以下「特化則」という。）第22条）。

　　当該措置は、設備の管理権原を有する注文者自らが実施し、又は請負人の実施状況を確認するとともに、施錠等による開放禁止措置の履行状況についても必要に応じ確認すること。

　　また、設備の管理権原を有する注文者において作業対象関連設備の運転を休止したうえで作業が行われることが望ましいが、やむを得ず設備の一部を稼働しつつ作業を実施する場合にあっては次のことを行うこと。

　　(ア)　異常発生時に特定化学物質等が作業場所へ逆流する事態等も想定し、作業対象設備につながる流路の確実な二重閉止措置を確認すること。

　　(イ)　稼働設備の運転状況について、作業の実施に影響を及ぼすおそれのある異常が認められた場合には、速やかに請負人に連絡するとともに、必要な場合には退避を勧告すること。

　イ　設備内部の残圧の確認は、圧力計によるほか、ベント、ドレン等の開放口を徐々に開けて行うこと。

　ウ　設備内に入る直前に、可燃性ガス、酸素及び硫化水素その他予測される有害ガスの濃度の測定を行い、安全を確認した後に入槽すること。

　　測定は、作業中断後、再入槽時も同様に行うこと（安衛則第275条の2、酸素欠乏症等防止規則（昭和47年労働省令第42号。以下「酸欠則」という。）第3条及び特化則第22条第1項第5号）。

　エ　酸素及び硫化水素の濃度の測定は、それぞれ必要な資格を有する酸素欠乏危険作業主任者が行うこと（酸欠則第11条）。

　　また、測定は原則として水平、垂直方向にそれぞれ3点以上行うこと。

　オ　槽内は、可燃性ガス濃度は、爆発下限界の1/5以下、酸素濃度は18％以上、硫化水素濃度は10ppm以下、その他予測される有害ガスの濃度は、健康障害を受けるおそれのない濃度以下になるように常時換気すること（安衛則第577条及び酸欠則第5条）。

　カ　監視人を置き、入槽作業者との連絡が途絶えることのないようにすること（酸欠則第13条）。

　キ　作業開始前及び作業終了後に人員の確認を行うこと（酸欠則第8条）。

　ク　適切な性能を有する保護具、救急用具等を使用できる状態にしておくこと（酸欠則第4条、第5条の2、第7条及び第15条）。

(5) 高所作業に関する留意事項

　ア　昇降設備、作業床の設置、安全帯の使用等必要な墜落防止措置を講ずるとともに、必要に応じ監視人を置くこと（安衛則第518条から第521条まで及び第526条）。

　イ　強風、大雨、大雪等悪天候のため危

険が予想される場合は、作業を中止すること（安衛則第522条）。
ウ　上下での同時作業は、行わないこと。やむを得ず行う場合は、相互に密接な連絡を行うこと。
エ　高所作業中である旨を作業場所の下部に掲示すること。
オ　工具類は、落下しないよう必要な措置を講ずること。

(6)　作業許可

火気使用作業、入槽作業及び高所作業等の災害発生の危険性の高い作業は、あらかじめ部門責任者（請負人にあっては、設備の管理権原を有する注文者）の書面による許可を得ること。

ア　作業許可書には、次の事項等について記載すること。
　(ｱ)　部門責任者（許可責任者）、作業指揮者、立会者、監視人、作業者
　(ｲ)　作業内容
　(ｳ)　作業に係る注意事項及び禁止事項
　(ｴ)　作業年月日、作業開始時刻、終了予定時刻
イ　作業内容の変更が必要な場合は、新たに作業許可を受けること。また、予定時間内に作業が終了しなかった場合は、改めて許可を受けること。
ウ　作業許可書は、作業場所に掲示すること。
エ　作業中に設備関連の異常（緊急事態を除く。）が発生したときには、直ちに部門責任者（請負人にあっては、設備の管理権原を有する注文者）に連絡し、当該異常への対処方法及び必要に応じ作業内容の変更等について指示を受けること。

8　緊急事態への対応

非定常作業実施中に爆発、火災、危険物・有害物等の漏えい、労働災害の発生等の緊急事態が生じた場合に対応するため、次の措置を講ずること

(1)　次の事項について、緊急事態対応マニュアルを定めること。
　　また、設備の管理権原を有する注文者は、請負人が当該マニュアルを定める際には、緊急時の連絡体制の整備、退避経路の明示、事故発生時の救助・事故処理体制についての設備の管理権原を有する注文者と請負人との役割分担について明確化を図る等必要な援助を行うこと。
ア　緊急事態発生時の連絡方法
イ　爆発、火災、危険物・有害物等の漏えい等に対する対応措置及び指揮・命令系統
(2)　消火栓、消火器、洗眼器、シャワー等を設置すること。
(3)　爆発、火災、危険物・有害物等の漏えい等の想定訓練、負傷者に対する救急措置訓練を実施すること。
(4)　取り扱う有害物の情報を産業医、救急措置を依頼する医療機関等にあらかじめ連絡しておくこと。
(5)　緊急事態発生時には、直ちに緊急時の連絡体制により連絡（請負人にあっては、設備の管理権原を有する注文者に連絡）を行うとともに、被災者の救助に当たる者以外の人員は退避させ、二次災害の防止を図ること。また、救助に当たる者については、適切な保護具を着用させること。

9　安全衛生教育の実施

非定常作業に従事する作業者等の関係者に対し、あらかじめ次の事項等について必要な

安全衛生教育を実施すること。
(1) 取り扱う物質の性状及び取扱い上の注意事項
(2) 製造工程及び化学設備の概要
(3) 作業計画書及び緊急事態対応マニュアル
(4) 作業許可を必要とする作業の種類、注意事項及び禁止事項
(5) 保護具の種類及び使用方法
(6) 類似作業の災害事例
(7) 関連法令及び事業場の安全衛生基準

資料2 自動化生産システムの非定常作業における安全対策のためのガイドライン
（平成9年12月22日基発第765号　別添）

1　目的

本ガイドラインは、労働安全衛生関係法令と相まって、自動化生産システム（機械、部品等の加工、組立等に係るものに限る。以下同じ。）の非定常作業（日常的に反復・継続して行われることが少ない作業をいう。以下同じ。）における安全対策として必要な措置を講ずることにより、自動化生産システムの非定常作業における労働災害の防止を図ることを目的とする。

2　対象とする非定常作業

本ガイドラインの対象とする非定常作業は、次の作業とする。

(1) 保全等作業

不定期な又は定期的ではあるが頻度の低い保全の作業並びに生産切替時、設備立ち上げ時（休止していた設備の立ち上げ時を含む。）等における調整及び試運転の作業

(2) 異常処理作業

通常の運転中に発生する異常、故障等の処理の作業（復帰の作業を含む。）

3　事業者等の責務

自動化生産システムの非定常作業を行う事業者は、本ガイドラインに基づき適切な措置を講ずることにより、自動化生産システムの非定常作業における労働災害の防止に努めるものとする。

また、自動化生産システムの設計者又は製造者は、本ガイドラインの4に基づき自動化生産システムの非定常作業における労働災害の防止に配慮した設計及び製造を行うものとする。

4　自動化生産システムの安全化

自動化生産システムの設計及び設置に際しては、労働安全衛生関係法令を遵守することはもとより、次の事項に特に留意して、非定常作業における労働災害の防止に配慮したものとすること。

(1) 危険箇所への覆い、囲い等の設置

(2) 動力しゃ断装置及び非常停止装置の設置

(3) フェールセーフ、フールプルーフ、インターロック等の機能を有する安全装置等の設置

(4) コンピュータ制御による方式にあっては、故障時における自動診断機能等の付与

(5) 作業スペース、足場等の確保

5　安全衛生管理体制の確立

(1) 保全等作業の場合

労働安全衛生関係法令に規定する総括安全衛生管理者、安全管理者等の選任はもとより、保全等作業の実施に先立って、保全等作業の種類、規模、危険度等に応じ、あらかじめ総括責任者（保全等作業全体を統括する者）、部門責任者（保全部門、運転部門等の責任者として当該部

門の保全等作業を総括する者）、作業指揮者（部門責任者の指示に従い、保全等作業を指揮する者）等を定め、その責任範囲及び業務分担を明確にするとともに、作業が複数の部門、外注メーカー等にわたる場合には、連絡会議を設置する等連絡調製の徹底を図ること。

(2) 異常処理作業の場合

労働安全衛生関係法令に規定する総括安全衛生管理者、安全管理者等の選任はもとより、異常処理作業の実施に先立って、あらかじめ部門責任者（保全部門、運転部門等の責任者として当該部門の異常処理作業を統括する者）、異常処理作業監督者（職長等として異常処理作業を直接監督する者）等を定め、その責任範囲及び業務分担を明確にすること。

6 作業計画書又は作業手順書の作成

(1) 保全等作業の作業計画書の作成

保全等作業の実施に先立って、あらかじめ、災害要因の分析及び対応措置の検討を行うとともに、その結果を踏まえ、次の事項を盛り込んだ作業計画書を作成し、当該保全等作業について総括責任者の承認を得ること。

また、必要に応じ作業計画書の見直し及び変更を行うとともに、変更の都度承認を得ること。

イ 作業日程
ロ 指揮・命令系統
ハ 作業内容及び作業手順
ニ 作業分担及び責任範囲
ホ 連絡及び合図の方法
ヘ 災害要因及び対応措置の内容
ト 資格等を必要とする作業
チ 許可を要する作業
リ 注意事項及び禁止事項
ヌ 緊急事態発生時の対応

(2) 異常処理作業の作業手順書の作成

異常処理作業の実施に先立って、あらかじめ、次のように作業手順書を作成し、当該異常処理作業について部門責任者等の承認を得ること。

また、必要に応じ作業手順書の見直し及び変更を行うとともに、変更の都度承認を得ること。

イ あらかじめ想定される故障、作業の実態、災害事例等をもとに、対象となる異常処理作業の調査及び選定を行う。調査及び選定は、作業者も参加させ、定期的に実施する。
ロ 選定した異常処理作業について、災害要因の分析及び対応措置の検討を行うとともに、その結果を踏まえ、異常等の状況の確認、異常等の処理及び復帰の手順、注意事項及び禁止事項を含めた作業手順書を作成する。
ハ 作成した作業手順書について、妥当性の評価を行う。

7 安全衛生教育の実施

非定常作業に従事する作業者に対し、あらかじめ次の事項について必要な安全衛生教育を実施すること。実施に当たっては、実技教育を取り入れるとともに、各種教材を使用して効果が上がるようにするのが望ましい。

(1) 自動化生産システムの概要
(2) 安全装置及び防護装置の動作及び機能
(3) 作業計画書又は作業手順書の内容
(4) 資格等を必要とする作業の種類
(5) 許可を要する作業の種類
(6) 注意事項及び禁止事項
(7) 保護具、安全用具等の種類及び使用方

7. 資　　料

　　法
(8) 緊急事態発生時の対応
(9) 類似作業の災害事例
(10) 事業場の安全衛生基準及び関連法規

8　作業の実施

(1) 保全等作業の実施

　保全等作業の実施に際しては次の事項に留意すること。

イ　保全等作業を同部署内又は他部署、外注メーカー等と共同で行う場合は、事前に打合せを実施し、作業方法、作業分担等の周知徹底を図ること。

ロ　作業の準備段階で次の措置を講ずること。
　(イ) 作業に使用する工具、用具、仮設機材等の点検整備
　(ロ) 必要な動力源の遮断及び施錠、掲示及び表示の設置等
　(ハ) 資格等を必要とする作業への有資格者等の配置の確認
　(ニ) 作業の種類に応じ、保護帽、安全帯、保護めがね等の保護具の準備
　(ホ) 許可を要する作業については許可の取得

ハ　作業開始前に、ツールボックス・ミーティング等において、作業計画書に基づき次の事項を周知徹底すること。
　(イ) 指揮・命令系統
　(ロ) 作業内容及び作業手順
　(ハ) 連絡及び合図の方法
　(ニ) 注意事項及び禁止事項
　(ホ) 危険の予知（KY）及び指差呼称の励行

ニ　作業指揮者による作業の指揮を徹底すること。

(2) 異常処理作業の実施

　異常処理作業の実施に際しては次の事項に留意すること。

イ　異常処理作業を複数の作業者で共同で行う場合は、事前に打合せを実施し、作業方法、作業分担、連絡及び合図の方法等の周知徹底を図ること。

ロ　毎朝のツールボックス・ミーティング等において、作業計画書に基づき次の事項を周知徹底すること。
　(イ) 作業手順
　(ロ) 注意事項及び禁止事項
　(ハ) 危険の予知（KY）及び指差呼称の励行

ハ　作業の着手前に次の措置を講ずること。
　(イ) 作業に使用する工具、用具、仮設機械等の点検
　(ロ) 必要な動力源の遮断及び施錠、掲示及び表示の設置等
　(ハ) 作業の種類に応じ、保護帽、安全帯、保護めがね等の保護具の準備
　(ニ) 許可を要する作業については許可の取得

ニ　作業手順書にない異常処理作業については、異常処理作業監督者の指示を得るものとすること。

　なお、異常処理作業の実施に必要な安全衛生教育が行われていない者等については、「止める、呼ぶ、待つ」の原則を徹底すること。

9　安全点検の実施

　定期的に安全点検を実施し、作業者の不安全行動及び機械設備の不安全状態の有無を把握し、必要な改善を図ること。

労働調査会の書籍

労災防止活動に必要な法令・通達等を収録

読者購入特典で通達ウェブサイトが閲覧できる！！

安衛法便覧 平成29年度版

好評発売中!!

労働調査会出版局 編／
B6判／計6,578頁
（全3巻1セット函入り・
検索支援ツールCD−ROM付）
本体15,000円＋税　※分売不可

平成29年5月1日現在の最新の安衛法と関連政省令、告示等に加え、主要行政通達を収録（産業医制度の見直し等に関する安衛則の改正も収録）。

- 第Ⅰ巻　法令編（安衛法・施行令・安衛則・ボイラー則〜石綿則）
- 第Ⅱ巻　法令・様式・指針編（法令編は登録省令以下を収録）
- 第Ⅲ巻　行政通達編

通達WEBサイトの閲覧サービス付!
　安衛法便覧の購入特典として、第Ⅲ巻に収録されている行政指導通達に加え、昭和通達も閲覧できるウェブサイトです。

改訂18版
労働安全衛生法 実務便覧

労働調査会出版局　編
A6判／608頁／
本体1,760円＋税

好評発売中

　平成29年5月1日現在の労働安全衛生法及び労働安全衛生法施行令の全条文を収録。
＜主な改正点＞○労働安全衛生法施行令の改正
(H28・11・2公布⇒H29・1・1施行、H29・3・29公布⇒H29・6・1施行)
　特定化学物質第二類物質に、オルト-トルイジン、三酸化二アンチモンの追加など。
　重要施行通達は、各条文ごとに当該関連する部分を掲載。巻末には、労働安全衛生マネジメントシステムに関する指針のほか、有資格者の選任基準や就業制限業務等をまとめた「法・施行令の重点事項一覧」を掲載した。

改訂17版
労働安全衛生規則 実務便覧

労働調査会出版局　編
A6判／776頁／
本体1,760円＋税

　平成29年5月1日現在の労働安全衛生規則の全条文を収録。
＜主な改正点＞○労働安全衛生規則の改正
　産業医制度等に係る見直しを実施 (H29・3・29公布⇒H29・6・1施行)
①産業医による職場巡視の頻度の緩和
②健康診断の結果に基づく医師等からの意見聴取に必要となる情報の医師等への提供
③長時間労働者に関する情報の産業医への提供
　巻末に健康診断に関する告示4本と、各種申請・届出等をする場合の必要事項をまとめた「届出・申請手続早わかり」を附録として掲載。

労働調査会　〒170-0004　東京都豊島区北大塚2-4-5　TEL：03-3918-5517
http://www.chosakai.co.jp/　申込専用フリーFAX　0120-351-610

作業別でわかる！
製造業の安全作業のポイント

平成30年5月31日　初版発行

編　者　労働調査会出版局
発行人　藤澤　直明
発行所　労働調査会
　　　　〒170-0004　東京都豊島区北大塚2-4-5
　　　　TEL 03-3915-6401
　　　　FAX 03-3918-8618
　　　　http://www.chosakai.co.jp/

ISBN978-4-86319-664-3 C2030

落丁・乱丁はお取り替えいたします。
本書の全部または一部を無断で複写複製することは、法律で認められた場合を除き、著作権の侵害となります。